Hygge
Wordsearch

Hygge
Wordsearch

A wonderful collection of wordsearch puzzles to inspire and de-stress your life

This edition published in 2024 by Arcturus Publishing Limited
26/27 Bickels Yard, 151–153 Bermondsey Street,
London SE1 3HA

Copyright © Arcturus Holdings Limited
Puzzles by Puzzle Press

AD011765NT

Printed in the UK

Introduction

Hygge is the Danish concept of finding comfort, togetherness, and wellness in the simple pleasures—embracing a feeling of geniality in our lives. Denmark is consistently ranked among the happiest countries in the world, so it is easy to see how the concept has become popular across the rest of Europe, and indeed, the world.

 To embrace hygge (pronounced "hooga") involves little more than spending time with family and friends in a warm, quiet place, and embracing the time together enjoying the little things. Sharing food and drinks, engaging in deep conversation, and generally taking pleasure in being together with no agenda or plans.

This collection of wordsearch puzzles is filled with themes intended to inspire just these feelings, with topics such as flowers, warm words, the autumnal season, and more. Each puzzle is also accompanied by a quote on hygge or generally inspirational words on finding joy and contentment. If you've not completed a wordsearch before, the task is simple and enjoyable—find the hidden words running backward and forward, up and down, or diagonally in both directions.

Once you've solved the puzzle, take some time to meditate on the accompanying words, and be inspired to find your own way of embracing the Danish art of hygge!

Warm Words

```
S L A O C Y W D F N C X T W T
J T U S N H R W Z M E E N E E
P G Y J B O S E E U K V V W T
G U N M E U I A M N J U O C A
E N H S L L S S A M D U D T L
H S I T G A E L S E U Y E R U
E S R W A N B C D A T S M O S
A Y F F O Z I N T E P I D P N
T Z I E E L E T L R H G R I I
W H R E V D G A A V I S S C B
A T E R Y E I R Q E N C U A T
V M S K E N R M A O H C I L S
E R I Y E V N I Q O Z M S T F
H A D G S K O U S Q S A R R Y
U W E M P H B C S H G Y L Y Z
```

BALMY	FLUSHED	PASSION
BLANKET	GAS	SNUG
COALS	GENIAL	SULTRY
COVER	GLOWING	SUMMERY
DUVET	HEAT WAVE	SUNNY
ELECTRICITY	HEATING	TEPID
FEVERISH	INSULATE	TROPICAL
FIRESIDE	OVEN	WARMTH

For there we loved, and where we love is home,
Home that our feet may leave, but not our hearts.

Oliver Wendell Holmes, Sr.

Winter

```
S H D Q G B G E L O M J F B M
T B W R P N P N Q S V R Z O O
E C K E L C I C I W A A T N B
K B F O Y F Y Z R T G V J F L
N A N A U K P A E M A A Y I E
A Z T S W C P D K E L K L R A
L K M P H U I O T C R O S E K
B T P I P G N V R N I F S N S
K S L W N H R E Y E C R H I Y
F L A I B G P E W D Z L I G C
Y R I L G U S T Y Y C E V H O
M K O H E O X V D O E E E T L
S G A S H C S C A R F A R N D
S T X J T E B L I Z Z A R D S
S L E E T Y S U W T U U Z T R
```

BLANKETS	FREEZING	NIPPY
BLEAK	FROSTY	SCARF
BLIZZARD	GALES	SHIVER
BONFIRE NIGHT	GUSTY	SKATING
CHILLY	HATS	SKIING
COALS	ICICLE	SLEET
COLDS	LOGS	SNEEZE
COUGH	NEW YEAR	WRAP UP WARM

Winter is the time for comfort, for good food and warmth, for the touch of a friendly hand and for a talk beside the fire: it is the time for home.

Edith Sitwell

```
H L K I D M R H S P L A I N O
A I E A G C C E C M S W E E T
U E B D H N A H A R D D S O A
M Z S X U L I R E N A U H W M
T A H X I R G T I E X V O F R
G L P N P A T L T T S B R E N
F G G X R U B S D U U E T V I
L B U I B G I I R D C A C M G
A E N X N K S W A Y W D R R N
N E P I U H C N L K F F U P I
B K K A E O I F O A U O S U B
F A F S V S H R W L L I T D B
B D D I H H S C G F W Q U Z U
V W H O L E W H E A T X O E R
V D U R D O N E S T A G E I C
```

BAKING BLIND	FLAKY	PUFF
BUTTER	FLAN	RUBBING IN
CHEESE	FLOUR	SEALING
CHOUX	GLAZE	SHORTCRUST
CUTTING	LARD	STRUDEL
DANISH	MARGARINE	SWEET
DISHES	ONE-STAGE	WATER
FILO	PLAIN	WHOLEWHEAT

The more you know, the more you can create.
There's no end to imagination in the kitchen.

Julia Child

Haydn Symphonies

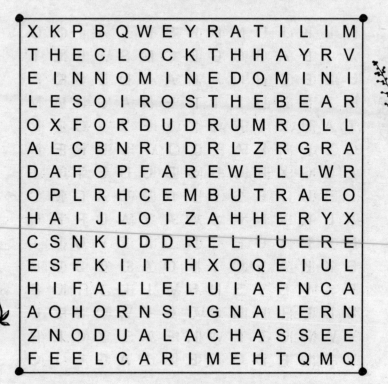

```
X K P B Q W E Y R A T I L I M
T H E C L O C K T H H A Y R V
E I N N O M I N E D O M I N I
L E S O I R O S T H E B E A R
O X F O R D U D R U M R O L L
A L C B N R I D R L Z R G R A
D A F O P F A R E W E L L W R
O P L R H C E M B U T R A E O
H A I J L O I Z A H H E R Y X
C S N K U D D R E L I U E R E
E S F K I I T H X O Q E I U L
H I F A L L E L U I A F N C A
A O H O R N S I G N A L E R N
Z N O D U A L A C H A S S E E
F E E L C A R I M E H T Q M Q
```

ALLELUIA

DRUMROLL

ECHO

FAREWELL

FEUER

HORNSIGNAL

IN NOMINE
  DOMINI

LA CHASSE

LA PASSIONE

LA REINE

LA ROXELANE

LAUDON

LE MIDI

LE SOIR

LONDON

MERCURY

MILITARY

OXFORD

THE BEAR

THE CLOCK

THE HEN

THE MIRACLE

THE SURPRISE

TRAUER

Hygge was never meant to be
translated—it was meant to be felt.

Pia Edberg

```
S S Z D F A N N E E L L I O T
N I I P E R S U A S I O N N K
Y O C G Y Y F Z Q A S E Y R I
N O T N E V E T S M R L M E U
W J R W A R M I Q H E V R G R
L O O F A R E D O V H D Y E O
A D N H E H F M E K T A A N M
L E O L X L C U Y E O S T C A
L T T L S N M A F L R H E Y N
E O S F E E L O E M B W S C C
N P E D D C M L T G E O R G E
H I W Y S O I A K J H O E N X
A T R R B N X W J S T D M R Y
M Y M N O T I D N A S S M T O
H E N R Y A N D E L I Z A O N
```

ALLENHAM	GEORGE	ODE TO PITY
ANNE ELLIOT	HENRY AND ELIZA	PERSUASION
CHAWTON		REGENCY
DASHWOOD	JAMES	ROMANCE
ELINOR	LYME REGIS	SANDITON
EMMA	MR ELTON	STEVENTON
EVELYN	MR WESTON	THE BROTHERS
FRANCIS	MR YATES	TOM LEFROY
	MRS CLAY	

Ah! there is nothing like staying at
home for real comfort.

Jane Austen

6

Hobbies and Pastimes

```
N Q G N I K A M S S E R D V O
M G K F S F P G M A C R A M E
G A R D E N I N G J Y H U T S
E G O G Q L Y O G A R V E K S
N N W N C G N I V A E W A S Q
E I R I J N X M I C D T C T S
A M E D H P P A L V I R B R W
L M K I B J D G U N O S N A G
O I C R X A L I G E R Q U D N
G W I D N U J R R E B A G M I
Y S W C I B Y O A B M D N R G
A L I A I V W D J S E W I N G
Q N I L H I I U W D G Q I E O
G Z P J N N D N U Y Z W K U J
Z O G G G O J I G S A W S L N
```

CHESS	JIGSAWS	ROWING
DANCING	JOGGING	SEWING
DARTS	JUDO	SKATING
DIVING	MACRAME	SKIING
DRESSMAKING	MUSIC	SWIMMING
EMBROIDERY	ORIGAMI	WEAVING
GARDENING	READING	WICKERWORK
GENEALOGY	RIDING	YOGA

If you are losing your leisure, look out!—It
may be you are losing your soul.

Virginia Woolf

Weather

```
S R M G Z W X S G T N E E A V
U H B H B B N S N D Y G W C O
N G A L E A F E E R U X O E Y
S Y F Z J D R W R L A Y N T G
H Z P T Y R O V E R C A S T X
I T A J O R N D V M A I H H W
N T Q T Y V T V E L M I F P I
E X C J R M A L S A L R N S N
N Q M I T N L G U C E T O Y D
S F A H X O S C H S A B W C Y
M F A H O F Y B H K A H E L S
O W X C O M S J L R B B Q K J
G G E G U S T Y L O Q F P M F
I P G F J X E I O Y W F P F C
G Y C G Z L M C V V P Y N D S
```

BLOWY	GALE	SEVERE
CALM	GUSTY	SMOG
COOL	HAAR	SNOW
DELUGE	HAZY	SULTRY
FAIR	ISOBAR	SUNSHINE
FOGGY	MISTY	THAW
FRESH	OVERCAST	TORRENT
FRONTAL SYSTEM	RAINY	WINDY

Clouds come floating into my life from other
days no longer to shed rain or usher storm
but to give colour to my sunset sky.

Rabindranath Tagore

Eat Up

```
Q E D Z V S T L C H E W M D O
P M O H C L T D E Q R S U W C
E T I B O M W A N G U T T C T
G W R B I F A P K F O X P T S
N N G K H S B S G C V F F S E
I C U V D V H P T X E C E A G
B E L M K V Q P E I D P R E I
D V P X C W C B L G C A A F D
G P A F O H W N J B R A F U G
Z G R H N U U O V H P O T I P
D O T A S T E K C I C X G E F
V B A Q U G E C O H C N U R C
F B K R M E N I D B Q S U X C
R L E Q E P I C K O E D W M W
T E W F H H V S W A L L O W B
```

BINGE	DIGEST	GULP
BITE	DINE	MASTICATE
BOLT	FARE	MUNCH
CHEW	FEAST	PARTAKE
CHOMP	FEED	PECK AT
CONSUME	GNAW	PICK
CRUNCH	GOBBLE	SWALLOW
DEVOUR	GORGE	TASTE

There is no love sincerer than the love of food.

George Bernard Shaw

```
D A T A S E Q M J C R T M C U
S J H C M F E N M L E B A B Y
W D E A A R Z O A T F Z Q N E
Q I F Z Z M O B E N H U R Z V
T L L U E N E V T O P G U N R
R E Y D R B V L T U Z L P A A
U S E A H A E F O O U S D D H
E U K O W O U L D T F E E U A
G E T H U Z G I C A B A R E T
R D M I Z D A S O S T V A D I
I A N Y Y C U B P H B K R I B
T M T P F A X N W A K Z V C R
J A W K X A P I E F T Q A L O
X B I T C Y S N J T I L L E N
F N O O N H G I H T H E F O G
```

AMADEUS	FAME	THE FLY
BABEL	HARVEY	THE FOG
BEN-HUR	HIGH NOON	TMNT
CABARET	HOT FUZZ	TOP GUN
CAMELOT	JEZEBEL	TRUE GRIT
DEATH WISH	MOONRAKER	WILD HOGS
DUNE	NORBIT	ZODIAC
EL CID	SHAFT	ZULU

The true secret of happiness lies in taking a
genuine interest in all the details of daily life.

William Morris

Fictional Places

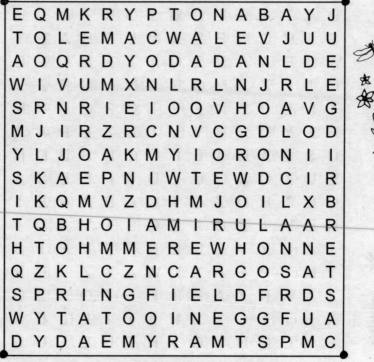

```
E Q M K R Y P T O N A B A Y J
T O L E M A C W A L E V J U U
A O Q R D Y O D A D A N L D E
W I V U M X N L R L N J R L E
S R N R I E I O O V H O A V G
M J I R Z R C N V C G D L O D
Y L J O A K M Y I O R O N I I
S K A E P N I W T E W D C I R
I K Q M V Z D H M J O I L X B
T Q B H O I A M I R U L A A R
H T O H M M E R E W H O N N E
Q Z K L C Z N C A R C O S A T
S P R I N G F I E L D F R D S
W Y T A T O O I N E G G F U A
D Y D A E M Y R A M T S P M C
```

ALALI	EREWHON	QUIRM
AVALON	GONDOR	SPRINGFIELD
BEDROCK	GOTHAM CITY	ST MARY MEAD
CAMELOT	HOTH	TATOOINE
CARCOSA	KLOW	TWIN PEAKS
CASTERBRIDGE	KRYPTON	UDROGOTH
CYMRIL	MIDWICH	XANADU
EMMERDALE	NARNIA	ZENDA

And that is the very end of the adventures
of the wardrobe. But... it was only the
beginning of the adventures of Narnia.

C.S. Lewis

Trees and Shrubs

```
B P E U R O T Q X E P P H B C
T E X G D T U D Y Z M E G P P
H V E G E X I T I A O I B E A
M I M C Y L L O H C R A L V I
P M L L H R E K L S F P J P N
E O E P Z I H B V B A E L A O
X U H W T H U J A M C V Q Y T
G N C I A A H O R N B E A M G
H T Y A I L X W I Z I J R B N
R A W A L L N U G K B A L M I
P I K E N Y Q U S H E E X U L
W N C Y Y A P B T P Q L F E L
D A T E C H N T E A K D S L E
N S E E K G E A U G I E G Z W
W H R O W A N E B S V R M R N
```

ABELE	HOLLY	ROWAN
ACER	HORNBEAM	TAXUS
BALM	LARCH	TEAK
BANANA	LIME	THUJA
BEECH	MAPLE	WALNUT
DATE	MOUNTAIN ASH	WELLINGTONIA
ELDER	PEAR	WYCH-ELM
EUCALYPTUS	QUINCE	YEW

Between every two pine trees there is a
door leading to a new way of life.

John Muir

Cats' Names

```
A T Z D N E F K U L X O M D Z
V Z O E Y N A L A T I S K G P
T J Y B F I S B U N L L P M H
L H A B Y M S W A F E M D J H
A B N C B S J R N I F F U M L
Z T G M K A E W E S L Y Z Y C
R S E H T J B I N K H E P K M
S S L S O H R U L Y C U Y C B
W E O R M D G P B R W I B O W
N C F M E G S I O M A U N R C
M N N J L R J Y N H D H B S G
O I T E M H M K B D H U C H E
O R S Q K I O F Y B I Z S R G
L P E T D B R A A O O M I T J
O E L O Y Y R A V H P B Y S Y
```

ABBY	FELIX	NALA
ANGEL	FLUFFY	OREO
BABY	JACK	PRINCESS
BAILEY	JASMINE	ROCKY
BOBBY	LEO	SNICKERS
BUDDY	MIDNIGHT	SNUGGLES
CHARLIE	MISTY	TOBY
DUSTY	MUFFIN	ZOE

The Naming of cats is a difficult matter;
It isn't just one of your holiday games.
You may think at first, I'm as mad as a hatter
When I tell you a cat must have three different names.

T.S. Eliot

```
O O R X I J U A H C T A M U N
F E Y M Y N P R U A A S S A M
C N E W E C U I N M C H I N A
R I R X R S P I D E R L E G E
M M G T G B Q P Y R E W F N T
A S Y N L J I L D O I R U E I
T A D I R A O E E O M N G S H
U J A M A N L L L N U U D N W
R J L R E I A L M I S V D I N
A I A E A T L L U T M E E G A
T P N P U N E A A D O O A R S
A A B P A N A B H B A Y M C D
Q K A E L N T N L Q R B L A P
P H B P R F C H U N M E E M C
R U S S I A N T K H R Y H B G
```

ASSAM	EARL GREY	JASMINE
BADULLA	GINSENG	LADY GREY
CAMEROON	GREEN	MATCHA UJI
CAMOMILE	HAPUTALE	MATURATA
CEYLON	HERBAL	PEPPERMINT
CHINA	HUNAN	RUSSIAN
CHUN MEE	INDIA	SPIDER LEG
DOOARS	JAPAN	WHITE

Tea is a work of art and needs a master
hand to bring out its noblest qualities.

Kakuzo Okakura

Furnishings

```
E L B A T E E F F O C R K M T
T R Y H L F B C Q L V C U I E
R T C N I R E E Q H A M N R P
L Z P B U R E A U R B U N R R
N E V O O T R Z E R G Y L O A
R E J R T M C N E A U Y S R C
E Q I E C A I L F E R M T P A
S L S H R Z L O C K R A O Q Z
S K A V A A S T A C E F O H H
E I E G S W K T B O T Q L C Q
R R A T P S H O I L T A U L D
D M A I E U K M N C A O U O W
J N A D J C H A E D C H E S T
D N S C R E E N T W S G K E Z
O S Q K U H M C R V W G Y T X
```

ARMCHAIR	COFFEE TABLE	OVEN
BUREAU	COUCH	PIANO
CABINET	DESK	SCATTER RUG
CARPET	DRESSER	SCREEN
CARVER	FREEZER	SETTEE
CHEST	MAGAZINE RACK	SOFA
CLOCK	MIRROR	STOOL
CLOSET	OTTOMAN	UMBRELLA STAND

It's not hard to make a space that looks good by itself.
The trick is to craft a room that's even more attractive
when it's occupied. That's when it becomes magical.

Kerry Joyce

Norse Deities

```
A S Y L N Z T G E R S E M I R
P A U O A K J A L U N E N J Y
S N R H R S D W J K O C S P T
U D W O T P T O Q N J N O T T
Q R Y I Q R X T H J F U E X N
J A D P F B E A A F E O L I E
N U A A R T O N S B G Z O Y D
O D M T I C D I Z A I H Z S O
P I O H G H N N H D E F E S W
A G Q H G T Y I M U V O I X B
C A L T H O R D W H L I X T Q
M Z I G A S T O E E L V L L U
T A U V C I Q L I N U Y L I U
X N N A W A N N A N G S O L A
T G G I A N A F N A T P U G P
```

BADUHENNA	NERTHUS	TANFANA
FRIGG	NOTT	TAPIO
GEFJON	ODIN	THOR
GERSEMI	RAN	TIW
GULLVEIG	SANDRAUDIGA	TYR
HEL	SINTHGUNT	VILI
MANI	SNOTRA	WODEN
NANNA	SOL	WOTAN

Danes are not the only ones who can have
hygge... The Dutch call it gezelligheid and Germans
talk of Gemütlichkeit, a sense of well-being
based on good food and good company.

Meik Wiking

People

```
I O Y C I T I Z E N S H N P N
H E L I F D N A K N A R E M E
U I L L B D S R E H T O R B M
M N O B H J T R I B E X D S Y
A H C U T Q S D E B F M L N R
N A A P Y T B I W A I D I O T
S B L R L T N S M E N A H S N
S I S U E G I I Y A L P C R U
L T D F S S L N T T O L H E O
A A W H T Y I I U P E F E P C
T N G E F J O D U M A I V R N
R T R O F N Z L E N M H C A S
O S L I A W A C K N B O L O R
M K U L M C O Q B H T C C H S
S I S Q E U R H B G K S U I Z
```

ADULTS	DWELLERS	PERSONS
BEINGS	FAMILY	POPULACE
BROTHERS	FOLKS	PUBLIC
CHILDREN	HUMANS	RANK AND FILE
CITIZENS	INHABITANTS	RESIDENTS
CLAN	LOCALS	SISTERS
COMMUNITY	MORTALS	SOCIETY
COUNTRYMEN	NATIONALS	TRIBE

There is no happiness like that of being loved
by your fellow-creatures, and feeling that your
presence is an addition to their comfort.

Charlotte Brontë

Cat Breeds

```
N A M R I B N L H F Y R A A G
Z V M M N A I R E B I S C C U
V W A F O W A O B S O K O K E
X N D G H C H A R T R E U X L
X E I L Q A T T Y I C Q X X A
X N R M O D V N W A E R R B P
Q O J N U F K A A T B N N O E
G O S B O N H E N I A M T O R
Y C P E A V C S S A L R O A M
O E H N Y D E H I E B I O B L
C N Y G E A O D K T M R R K H
I I N A I S R E P I T R O U R
C A X L J E W V M B N O U W K
A M S E L K I R K R E X C B N
T M F E J H Q S O M A L I S Y
```

BENGAL	KURILIAN	SCOTTISH FOLD
BIRMAN	LAPERM	SELKIRK REX
BOMBAY	MAINE COON	SIBERIAN
BURMESE	MANX	SOKOKE
CHARTREUX	MUNCHKIN	SOMALI
DEVON REX	OCICAT	SPHYNX
HAVANA BROWN	ORIENTAL	TABBY
KORAT	PERSIAN	THAI

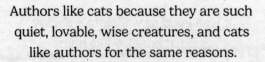

Authors like cats because they are such
quiet, lovable, wise creatures, and cats
like authors for the same reasons.

Robertson Davies

Book Titles

```
R E V E I L E B E U R T D B A
S E D K M F M N A H J Z I M L
M T A V W F U T I M E K M Q E
R O O Y O D G F W E G E X D B
I I R O N E M E L T T I L L A
F D A F R A D R A A L H N T D
E I R R A C E A M W A L D E N
H E A M K V R O W L V S B R A
T H T T I O R B E R E N I C E
A T U H N P L D S F T K K E N
T O S T H U I V A N H O E S A
X D R O B F N E I N E E D E K
Z O S B N S Y O B S O J S H Q
W I E I A R C H A N G E L T L
S R I T E S O F P A S S A G E
```

AARON TROW	ENIGMA	ROOTS
ARCHANGEL	INFIDEL	SHIVER
BERENICE	IVANHOE	TARA ROAD
BLUBBER	JO'S BOYS	THE FIRM
CARRIE	KANE AND ABEL	THE IDIOT
DEENIE	LITTLE MEN	THE SECRET
DUNE	METAMORPHOSIS	TRUE BELIEVER
EMMA	RITES OF PASSAGE	WALDEN

It was good to walk into a library
again; it smelled like home.

Elizabeth Kostova

Magical

```
R Y L T S O H G J D U S E D E
K T R A J S N Y R O S U L L I
T X C I E I E E U L L J G E H
W S R A M D A C I E E R I E W
L Z E R F M I P G N X E U M I
A P A E Y A I E W E I R D Y Z
I H T S L C N R H M L U N T A
C E I U K D M T A K N L S H R
I N V O A O R G A C K G H I D
F O E R Z V I I A S U Q E C L
I M Y E Y N T N T N T L S A Y
T E V C A Q N H R C F I O L C
R N U R A Y F E I I H M C U O
A A Y O Q E A D N E T E R P S
R L T S Y L S P E C T R A L G
```

ARTIFICIAL	FEY	PHENOMENAL
CHARMING	GHOSTLY	PRETEND
CREATIVE	IDEAL	SORCEROUS
DREAMY	ILLUSORY	SPECTRAL
EERIE	IMAGINARY	UNCANNY
ELDRITCH	LEGENDARY	UNREAL
ELFIN	MIRACULOUS	WEIRD
FANTASTIC	MYTHICAL	WIZARDLY

Books may well be the only true magic.

Alice Hoffman

Flower Arranging

```
S S Q B E C A J M Q D Q J T F
T P L R F R A E V P K O Z C W
O O U J E B U T T O N H O L E
P N U B P T H M B E R R I E S
C G R O B O A D N A S P R A Y
P E B B L E S W E A L O I A S
G P E H F M D Y G L I K I F J
V X O E E B G E T S I R O L F
Z A R T O S S E S O R V C J S
V N S W H A I B G N G J E F Q
S T L E P Z A R B Z O A S R Z
B G L X O S A J U L P B V H Y
V L P B K V Z G N L U T B D G
S H Z E E C N P C Z N F R I S
Z P T L Q W B R H F R O U S R
```

BASKET	FLORIST	SAND
BERRIES	GERBERA	SHELLS
BOWL	GRAVEL	SOIL
BUNCH	PEBBLES	SPONGE
BUTTONHOLE	POSY	SPRAY
CORSAGE	POTS	STEMS
DELIVERY	RIBBONS	VASE
FERNS	ROSES	WATER

A thing of beauty is a joy forever:
Its loveliness increases; it will never
Pass into nothingness.

John Keats

Dreams

```
Q F D S Z G K Y F L O W E R S
D O O F S G L B E P W A M W G
Q W N H C I J N G P A E O S P
U U E O M H U N U L M C H W Z
L E V A R T I R I O A R B I I
P P F N R L Q E R S K B G M S
G T S O L G N I T T E G L M U
G C F A H S E L T A T V A I C
W H F Y B S E P J R R W U N C
E A F L D S J I W D H C G G E
A S H O L I D A Y O X E H S S
L E C O F F I N S M R M I Y S
T S T H E P A S T G H K N M J
H A J C D P M P I Z O P G W J
H H A S K X Z C R O W D S F D
```

ALIENS	FOOD	SHEEP
CASTLES	FORTUNE	STARDOM
CHASES	GETTING LOST	SUCCESS
COFFINS	HOLIDAY	SWIMMING
CROWDS	HOME	THE PAST
FALLING	LAUGHING	TRAVEL
FAMILY	MEMORIES	WEALTH
FLOWERS	SCHOOL	WORK

If I were asked to name the chief benefit of
the house, I should say: the house shelters
day-dreaming, the house protects the dreamer,
the house allows one to dream in peace.

Gaston Bachelard

Herbs

```
E F K H E L W G H Y G T W Z Z
D A V G L R E P A C Z E C F P
F A A I L X P T S J F R J W W
T S D R P E P P E R M I N T A
E G A V O L T O E A O H X A T
P I I I S U V R U D T A O P
H J C K H F E J G W M X M L O
T H Y M E F O M B L J A Y E S
O N A G E R O O A J G R R R S
Z M R N A V R B A R O H E R Y
R M N M S A N X E V Y B V O H
A E I O G O M B A U A N I S E
L L C E M B A S I L R X R V S
X P A E O R C O R I A N D E R
K X L Z A S E V I H C F H W O
```

ANISE	DILL	OREGANO
ARNICA	FENNEL	PEPPERMINT
BASIL	FEVERFEW	ROSEMARY
BERGAMOT	HYSSOP	RUE
BORAGE	LEMON BALM	SAGE
CAPER	LOVAGE	SAVORY
CHIVES	MACE	SORREL
CORIANDER	MARJORAM	THYME

These people have learned not from books, but in
the fields, in the wood, on the river bank. Their
teachers have been the birds themselves, when they
sang to them, the sun when it left a glow of crimson
behind it at setting, the very trees, and wild herbs.

Anton Chekov

The Autumnal Season

```
D F B Y I E B P S G O L D E N
T W Q D R E N S S Y E L L O W
X O S P R R E D J I B T B I F
S F S R O N E H O K R K D S R
E I I C K E A B W W S C L B A
A E A R S R B J K U L O D J C
S L A T V D A M P C O Y A E S
O D M E A Q S T G T A A X T Y
N D S U T O W D S L J L A A Z
J T A F P M C D O W O H B M Z
S E U H Y Z A F P P G W J I H
V U Y M L O H A Z E L N U T S
I G I A T I U E K V B U K N H
L S J U W O A H Y Z J D M M X
T J W E T N E S S L S M U S X
```

ACORN	FIELD	PODS
BERRIES	GOLDEN	SCARF
BLACKBERRY	HARVEST	SEASON
COAT	HATS	SEEDS
CRISP	HAZELNUTS	SHEAF
DAHLIAS	HUES	TOADSTOOLS
DAMP	MIST	WETNESS
DARKNESS	PLUMS	YELLOW

Autumn is a second Spring when every leaf is a flower.

Albert Camus

Ancient Peoples

I	S	Q	Y	K	K	N	B	W	Z	N	D	A	M	N
O	F	T	V	F	A	N	V	V	E	A	L	Z	E	A
N	G	J	L	O	A	I	N	C	A	I	E	T	G	I
A	S	O	N	E	L	A	V	C	W	S	I	E	M	N
I	P	I	A	S	C	D	L	P	G	R	T	C	E	O
R	M	N	H	U	M	D	H	N	A	E	A	I	S	L
E	I	M	C	O	O	I	I	Y	S	P	R	H	O	Y
M	I	L	C	U	T	K	M	E	L	H	W	D	P	B
U	K	H	J	T	I	I	N	S	T	Y	L	P	O	A
S	E	P	I	V	H	A	E	N	A	M	O	R	T	B
S	E	T	R	U	N	D	B	Q	L	Y	D	I	A	N
H	E	J	O	U	E	G	Y	P	T	I	A	N	M	A
A	T	H	F	M	H	E	L	L	E	N	I	C	I	T
N	Z	D	T	S	P	N	A	Y	A	N	Q	X	A	U
G	D	R	H	N	A	Y	A	M	H	P	A	G	N	F

AZTEC · INCA · MOCHE
BABYLONIAN · JIROFT · PERSIAN
CELTS · LYDIAN · ROMAN
EGYPTIAN · MAYAN · SHANG
FUNANESE · MEDES · SUMERIAN
HELLENIC · MESOPOTAMIAN · VIKINGS
HIMYARITE · MINAEAN · XIA
HITTITE · MINOAN · ZHOU

Inasmuch as love grows in you, in so much beauty grows; for love is itself the beauty of the soul.

Augustine of Hippo

```
J U H D Y T Y H P A R G O E G
W E N C Y C L O P E D I A N U
I S E B N X Y V U S L E V O N
K C E L W A N D R E A D I N G
T I V L I B R A R I A N X F S
T E R R B E S B O R R O W F C
I N E B V A C H A I R S P I I
N C S O M A T H E M A T I C S
T E E U Z I Y A H L F V F T S
E I R C C S D R I Q V G Y I A
R D A K E F U D S U M E C O L
N T E M I P T B T I J H S N C
E T M N G D S A O E B O O K S
T B E Q M U Z C R T B B P M M
V S Z C S Z T K Y K W X D L L
```

BOOKS	GEOGRAPHY	QUIET
BORROW	HARDBACK	READING
BRANCH	HISTORY	RESERVE
CHAIRS	INTERNET	SCIENCE
CLASSICS	LIBRARIAN	SHELVES
ENCYCLOPEDIA	MATHEMATICS	STUDY
FICTION	NOVELS	TABLES
FINES	OVERDUE	TICKET

I have always imagined Paradise as a kind of library.

Jorge Luis Borges

Beekeeping

B	G	N	M	A	T	O	S	Y	Z	U	O	U	D	H
S	V	C	U	R	Y	H	E	K	F	G	Y	W	U	F
W	Q	P	E	A	A	A	Y	P	P	F	M	M	O	J
O	C	E	Y	K	V	W	T	Y	B	H	M	U	E	U
H	S	Y	D	R	F	R	S	U	Q	I	O	N	Q	G
V	E	L	A	V	L	T	Z	C	N	W	E	V	O	J
E	V	L	P	M	S	Z	S	G	G	E	T	X	E	D
Q	O	E	G	N	I	T	S	D	U	H	N	N	U	R
C	L	J	T	N	S	Y	D	Q	X	B	O	S	F	O
O	G	L	G	R	G	P	T	O	C	S	M	B	D	N
L	R	A	O	Y	N	L	S	O	O	H	U	O	B	E
O	H	Y	H	F	I	V	T	B	O	F	T	R	C	Y
N	U	O	I	E	W	V	S	N	B	O	A	R	D	D
Y	R	R	V	B	O	X	E	S	M	O	K	E	P	V
E	K	M	E	H	R	Y	N	H	P	X	Y	U	J	A

BOARD	GLOVES	QUEEN
BOXES	HIVE	ROYAL JELLY
BUZZING	HOBBY	SMOKE
COLONY	HONEY	STING
COMB	HOVER	SWARM
DRONE	HUMMING	TREES
EGGS	LARVAE	VEIL
FOOD	NESTS	WINGS

"...the only reason for making a buzzing-noise that
I know of is because you're a bee... And the only
reason for being a bee that I know of is making
honey... And the only reason for making honey is
so I can eat it." So he began to climb the tree.

A.A. Milne ("Winnie-the-Pooh")

Knitting

```
A R E T S E Y L O P T E R D O
D Y P H V C Q R Q O W Y H J S
R S D U A I E S C R B O O K B
Y P U S R V F I O B Z H N M C
A O T Z O L P L O C H A I N D
R O Q S K O O H T E H C O R C
N L S P E K C E N E L T R U T
S A T T H R E A D A U B L E E
P R O R L S A C O I F J L D G
L H G E F W W U Q D U L R A U
A A E P X O A B Q M O O O I A
I D T M C R T H F S P U V O G
N K H U U O K E S P H B B B S W
I E E J R E T A E W S T R L Z
I L R P S M Z D G A V Z E Q E
```

CAST ON	JUMPER	SPOOL
CHAIN	PASS OVER	SQUARES
CROCHET HOOK	PICOT	SWEATER
DOUBLE	PLAIN	THREAD
DROPPED	POLYESTER	TOGETHER
GAUGE	PURL	TURTLENECK
HANKS	ROWS	WOOL
HOBBY	SHAWL	YARNS

Properly practiced, knitting soothes the troubled
spirit, and it doesn't hurt the untroubled spirit either.

Elizabeth Zimmermann

Coffee

```
Y S M O O T H C I N A G R O K
T M O C R S O C T A R E O H C
Y Y K L V Z A P I H W I T J A
X W W J S F C S E E E S O A L
T J A Z F L X O L E A O M N B
C V W E Q A K B L O F E A E S
A E I Z H T A X R D R F T E E
F N W E W T F H T I L S O J L
E I X Q H E C O C L A P E C U
T J B N K N C A I T W E R B N
I R A R E I N M N A A U B N A
E Q W R A O N B E H R B O I R
R P F H M Z O D C T M O C O G
E T I H W D I O I Y S E M E Y
T P E O Y V M L Z A D Q C A Z
```

AMERICANO	COFFEE POT	MILL
AROMA	FRENCH ROAST	MOCHA
BLACK	GRANULES	NOIR
BODY	ICED	ORGANIC
BRAZIL	INDIA	SMOOTH
BREW	JAR	TABLE
CAFETIERE	JAVA	TASTE
CAFFEINE	LATTE	WHITE

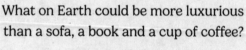

What on Earth could be more luxurious
than a sofa, a book and a cup of coffee?

Anthony Trollope

Greek Mythology

```
A S U D E M W M C H I C H W I
R S E L B A T S N A E G U A F
K Q S M N F R S B M F K R N I
I U R P W O E H T E L G S Y P
B R O E X G S L E C U O T J R
K A H G A Z U A T S I L Y E O
E N G A U D V H J W T P X R T
O I N S P C A U C D Y I I Z E
E A I U U L S O L S H O A Q U
P N Y S I H N T N U N O Y L S
A M L A A R D Y H R T Q S F A
X O F D K K O A L A Q I U L I
M A E N A D R C R C I V B Z A
O S G K D P I E I I C H O R G
N O H T Y P S S F X P R I A M
```

ARGUS	HESTIA	ORION
AUGEAN STABLES	HYDRA	PEGASUS
	ICARUS	PRIAM
DORIS	ICHOR	PROTEUS
ERATO	JASON	PYTHON
FLYING HORSE	LETHE	STYX
GAIA	MAENAD	THALIA
HADES	MEDUSA	URANIA
HARPY		

She who is only a little thing at the first, but thereafter
grows until she strides on the earth
with her head striking heaven.

Homer

Creatures' Features

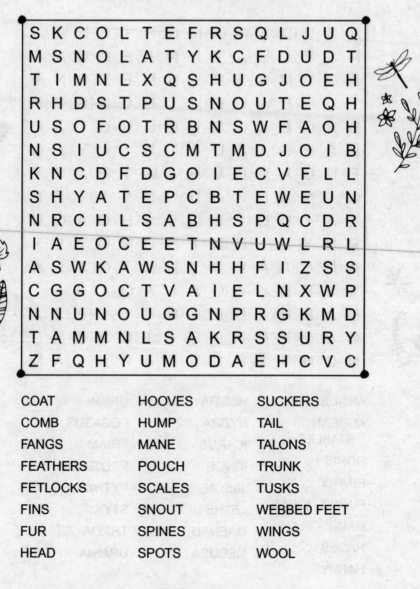

```
S K C O L T E F R S Q L J U Q
M S N O L A T Y K C F D U D T
T I M N L X Q S H U G J O E H
R H D S T P U S N O U T E Q H
U S O F O T R B N S W F A O H
N S I U C S C M T M D J O I B
K N C D F D G O I E C V F L L
S H Y A T E P C B T E W E U N
N R C H L S A B H S P Q C D R
I A E O C E E T N V U W L R L
A S W K A W S N H H F I Z S S
C G G O C T V A I E L N X W P
N N U N O U G G N P R G K M D
T A M M N L S A K R S S U R Y
Z F Q H Y U M O D A E H C V C
```

COAT	HOOVES	SUCKERS
COMB	HUMP	TAIL
FANGS	MANE	TALONS
FEATHERS	POUCH	TRUNK
FETLOCKS	SCALES	TUSKS
FINS	SNOUT	WEBBED FEET
FUR	SPINES	WINGS
HEAD	SPOTS	WOOL

Look up, laugh loud, talk big, keep the colour in your cheek and the fire in your eye, adorn your person, maintain your health, your beauty, and your animal spirits, and you will pass for a fine man.

William Hazlitt

```
J K H W G R A N D M A L P I H
K E S R O S I A O Q X F A F K
O U E D C H O C O L A T E I E
V G R G N I N E T R O H S R L
W N F M Y A E P U O P S N R P
H I Y X A M K M E Z A Z Z I P
P R F R I E D P D D O U G H A
U E M L R N R O O Q V U O E E
M M Y A O E W C M T H V U S C
P E F M E C H F A T A O V E N
K G E E C R H C L N F T N E B
I L H R T C C D A R A I O H L
N E U A A T C E U R G N M C I
C S R E X Z B I C O R F A C I
T T P L B Z T Z I I I S W B M
```

A LA MODE	FRESH	OVEN
APPLE	FRIED	PEACH
BANANA CREAM	FRUIT	PECAN
CHEESE	GRANDMA	PIZZA
CHERRY	ICE CREAM	POTATO
CHOCOLATE	KEY LIME	PUMPKIN
CRUST	LEMON	SHORTENING
DOUGH	MERINGUE	TART

It could be argued that there is an element
of entertainment in every pie, as every pie is
inherently a surprise by virtue of its crust.

Janet Clarkson

Photography

```
F O O U T N I R P T O N E R A
F L A S H S G I L F F Z A V K
T C A E C P L N T E S N I I P
B L U R D A I S W F F U F E U
Y C B U E N S E P I A D R W L
E P K Y F S I R X D F S Q F T
X V D Q H M L W R V P X T I R
M E I D H X I A E E Q G Q N A
K C E T O K A F C R D C R D V
B T H V A P G T F I U E R E I
U F I L M G I U M P T T Y R O
L O O P S V E R U S O P X E L
B D V F E T G N T V H J O E E
L K T W N H U O S H K M A T T
P M A G N I F I C A T I O N R
```

BLUR	MATT	SEPIA
BULB	NEGATIVE	SNAPS
EXPOSURE	OPTICAL	SPOOL
FILM	PERSPECTIVE	TEXTURE
FLARE	PRINT	TONER
FLASH	RED-EYE	TRIPOD
INSET	REWIND	ULTRAVIOLET
MAGNIFICATION	RINSE	VIEWFINDER

A great photograph is a full expression of what
one feels about what is being photographed in the
deepest sense, and is, thereby, a true expression
of what one feels about life in its entirety.

Ansel Adams

Rainy Day

```
B D E L U G E T O O L Y M R G
Q Z T R A N O R A K H R M E N
G R U B U E I R O O O I J W I
P S N I K S L I O T C S T O K
G X O N D I S Z S W Y N D H A
M N P H N V C E Z B J N I S O
A G I S O O Q L R I V E E A S
C U A T S B S T O P R D X T R
K H A L L E R B M U W D O K F
I T S T O E N F P P D O X A P
N E Q A J S P T H U B S L U U
T K U W L R H O E M P L D D G
O C A Y Q P O E U W I D A L Q
S A L X P D S G S N L M W Z R
H J L P S I J L G E P Y C K H
```

ANORAK	HOOD	SHOWER
CLOUDS	JACKET	SOAKING
DAMP	LOW PRESSURE	SODDEN
DELUGE	MACKINTOSH	SPLASH
DRIZZLE	OILSKINS	SQUALL
FALLING	PELTING	STORM
GALOSHES	PUDDLE	UMBRELLA
GUMBOOTS	RAINCOAT	WETNESS

How often have I lain beneath rain on
a strange roof, thinking of home.

William Faulkner

Stimulating Words

```
Y E M U P W F P X D G J Y C U
Q G P I P E R S U A D E E D T
F R Q A H I L W H S X W X Y Y
O U X G V F D O P N H K C L W
E F O M U P V U J E Y K I L A
U A I B M D R B T A S N T A T
D B E L N E K A W A C E E R X
K K C P L B D E U E M N M G N
J I A E U I P M N P R P F A E
E Y R Z V P P T T E L D N I K
P V B H G O I I E O B N N S A
K C I K Q V M H G D Y D I T H
O G K V E P C N W P U H E N S
C J Q R E R X M J C W N L K I
J T W L J R C A E C H Q S A G
```

AWAKEN	INCENTIVE	REVIVE
BRACE	INDUCE	SHAKE
CAJOLE	KICK	SPUR
CHEER	KINDLE	TEMPT
EXCITE	MOVE	URGE
FILLIP	PERSUADE	WHET
GOAD	PIQUE	WHIP UP
IMPEL	RALLY	WHISK

There is a road from the eye to the heart that
does not go through the intellect. Men do not
quarrel about the meaning of sunsets; they
never dispute that the hawthorn says the
best and wittiest thing about the spring.

G.K. Chesterton

```
R E P P U S T S A L E H T F R
X A S O O A A D V E F A O H S
X C S L M L D U J L K U O B U
N I I Y O M E E O A R I E A H
I N K M H O H R L S D E D W C
G R E P E V A O A U R N W S C
H E H I C G N I T S O Z W R A
T U T A C E N S T M M Y C E B
W G Y V E T E R S D Q U T H S
A U A M S H E I D I A M S T Z
T X W E T E G D U V C N K A I
C E L D T I S F N X J A A B U
H C I U S L A B E L L A R E U
J E A S Y W E V S H T Y Q U V
P A R A D I S E D J P J K R S
```

ALONE	FLORA	OLYMPIA
BACCHUS	FOUR SAINTS	PARADISE
BATHERS	GUERNICA	RAILWAY
BEER STREET	ICARUS	SALOME
DANAE	LA BELLA	SIGISMONDA
DUNES	LEDA	THE KISS
ECCE HOMO	MEDUSA	THE LAST
ERASMUS	NIGHT WATCH	SUPPER
		THE STUDIO

Painting is poetry which is seen and not heard, and poetry is a painting which is heard but not seen.

Leonardo da Vinci

Symphony Titles

```
L D W C X M S Z I O E S H D G
C K N O F P O N O T T R R A B
C H U F W H R O M A N T I C C
E R O I C A R D H Y A T U P V
H F A R H P O N Q S D C H U G
B R Z L A M W O K H I E A R L
H U I G I L F L Q S T L A U E
S N A P M S U J Y K I T O S N
Z N L T E G L H P K S I R P I
K G N I R P S A P U W C N A N
C O O F E N O F A A N T A R G
O S C R J Y N F A S R A E L R
L S Q E G E G N S F S I T O A
C L X V A A S E A A J Y S I D
U Z E J C N N R H E N I S H T
```

ANTAR	HAFFNER	PARIS
ASRAEL	JEREMIAH	POLISH
CELTIC	LENINGRAD	RHENISH
CHORAL	LINZ	ROMANTIC
CLOCK	LONDON	SEA
DANTE	OCEAN	SORROWFUL
EROICA	ORGAN	SONGS
FAUST	PAGAN	SPRING
		TITAN

Tis believ'd that this harp which I wake now for thee
Was a siren of old who sung under the sea.

Thomas Moore

Amusing

```
R Y T T I W G N I B R O S B A
G L P L E A S I N G Q Z G O E
G R A B M I R T H F U L N Q Q
N A H U M O R O U S L E I Q G
I L G P G B Y N U T A R L N N
T U T N C H E E R I N G I K I
R C O M I C A L Y H O N U C G
E O E Y M X U B I E I T G H A
V J H E L X A L L A T Y E A G
I R R S O E A L T E A N B R N
D R A I I R V R E S E N D M E
Y V P H I G E I H R R U R I I
Y L L O J T G E L L C F O N N
K R U G N I Y A L P E N L G G
E S L E L Y I B W B R Y L N D
```

ABSORBING	ENTERTAINING	MERRY
BEGUILING	FUNNY	MIRTHFUL
CHARMING	HILARIOUS	PLAYING
CHEERING	HUMOROUS	PLEASING
COMICAL	JOCULAR	RECREATIONAL
DIVERTING	JOLLY	RELAXING
DROLL	LAUGHABLE	WAGGISH
ENGAGING	LIVELY	WITTY

What freedom is to Americans, thoroughness
to Germans, and the stiff upper lip to
the British, hygge is to Danes.

Meik Wiking

Walk in the Woods

```
E D C E N T B S T R E A M U O
B L E L D M J R T B E C N E F
A C T E E J A W I R E Z I Y F
Z F Q E R A I P L D G E V I C
Q K A I E G R M L J L I C O Y
O J N E S B I I S E M E A H B
M A U U A N L E N U Y K W N Q
T J U D R E L K S G T Y S A M
X W G P A T J H C R P Q W X Y
H E U V T C R C E O U P O P X
R C E E N O C E N I P X L B E
C S N B O U L A R P H O L L Y
V R C M N B C R F G Z O I Q I
I T O R E P E E R C W Q W O C
L S K W D L R X F L J R W G O
```

BADGER	DEER	OAK TREE
BEECH	FENCE	OWL
BEETLE	HOLLY	PINE CONE
BRIDLEWAY	IVY	SQUIRREL
CANOPY	LEAVES	STREAM
CLEARING	MAPLE	TRUNK
CREEPER	MUSHROOM	TWIGS
CROW	NETTLES	WILLOW

Winter kept us warm, covering
Earth in forgetful snow.

T.S. Eliot

Composers

```
A S K N E I R B T I H G B H B
N S Z N N H Q E B E Z O X R R
E U R A V E L L N R Z P X M K
L A W E B E R L Q G E I I A U
I R O Z S B R I D X A R B H C
S T M W B O A N K H H W A L U
Z S O R R B C I E H C A B E I
T L Z E A M H L C G F U Y R A
F M A N H M M E A K A Q D D K
D G R K M C A D N H C L J M N
O V T C S C N N A K O U H E I
O I O U G V I A J N P O L L L
U K K R V G N H R C L N F G G
E W K B A K O A Y S J C R A J
Q X X C K K V X T E K L I R U
```

ARNE	ELGAR	MAHLER
ARNOLD	GLINKA	MOZART
BACH	GLUCK	RACHMANINOV
BELLINI	HANDEL	RAVEL
BIZET	HAYDN	STRAUSS
BRAHMS	HOLST	WAGNER
BRUCKNER	JANACEK	WEBER
DVORAK	LISZT	WOLF

Music is indeed the mediator between
the spiritual and sensual life.

Ludwig van Beethoven

Eponymous Novels

```
N E N Q A C J S C A R R I E C
L N R K P A R O O M S K W A H
A I I V A N H O E R O M N J E
M T O S R D E L C T E I K U N
S S M A N I Y G V J N J Z N I
M U D I O D Y N R E C D J B L
E J I U J E Y X R U C R Z Y A
R B B D L Y S A J F J O B T R
L E Y R U T K A R F F L I O O
I N I Y Z A N C A S I L B A C
N H E O N E L Y U R O R V M A
S U R N E F E C T L O E J E R
M R A Y K S B M I Y T H D L M
O M R T H G G E R T R U D I E
H E W A R L E G G A N G U A N
```

AMELIA	GERTRUD	LORD JIM
ANNA KARENINA	HAWKSMOOR	LUCKY JIM
AYESHA	I, CLAUDIUS	MERLIN
BEN-HUR	IVANHOE	ROB ROY
CANDIDE	JANE EYRE	SHIRLEY
CARMEN	JURGEN	TRILBY
CARRIE	JUSTINE	WARLEGGAN
CORALINE	LOLITA	ZORRO

A love of reading shows empathy, the
desire to understand how others live
or act or might act—and why.

Celeste Ng

Beer

```
H N E D L O G R S U D A T H C
H T Y K R X M O Z S N S A E P
C V G D U Q U U C H O S Y O R
G I A N T N O Q P A L E A L E
A F L E E S P I C Y B N U D B
X O W Y Q R I L J H A T Y A B
M N O I T A T N E M R E F L O
Q I S M Z E T S G J L E N E T
G E L G K F R L Y R R W H S T
P Z V D T E O C A R O S N T L
H O P S G E P B P R E B F O E
X I A A B E X Y B F T W K U G
Z E L A L A E R L O O Q E T D
Y F T K S O T E I T K M G R X
A M O R A L L E C A S K S Y B
```

AROMA	EXPORT	OLD ALE
BARLEY	FERMENTATION	PALE ALE
BLOND	GOLDEN	REAL ALE
BOTTLE	HOPS	SPICY
BREWERY	KEGS	STOUT
BROWN	LAGER	STRENGTH
CASKS	LIQUOR	SWEETNESS
CELLAR	MILD	YEAST

For a quart of ale is a dish for a king.

William Shakespeare

Jazz

```
T G U Z A N R K P O S M L D I
H S W L F L F R A O B O O Q Q
I R A U R M E F B E B D O W D
R E L O O J O I V D Y E C D L
D K L P C V Q A P K R R B D K
S A E T U T N H S S D N Q J O
T B R L B S S H R A G T I M E
R B N N A T A E N A Q V G Q Q
E Z S L N W A S W O E N C C H
A V A N T G A R D E I Y I W D
M H C S R I E B A W J S T F Q
B O I L A I N E S W S N U Z P
T G D N L F P S A A S S Y F A
C P U A E D N A L E I X I D X
T M A P L S P C Q K M G E T Z
```

ACID	DIXIELAND	MODERN
AFRO-CUBAN	EVANS	RAGTIME
AVANT-GARDE	FUSION	SHAW
BAKER	GETZ	SPIEL
BEBOP	HINES	SWING
BYRD	JIVE	THIRD STREAM
CLASSIC	LAINE	WALLER
COOL	MODAL	WEST COAST

Seems to me, it ain't the world that's so bad but what
we're doin' to it. And all I'm saying is, see, what a
wonderful world it would be if only we'd give it a chance.

Louis Armstrong

In the Shed

```
B U I H C N E B K R O W J A R
E L C Y C I B G N I R T S E U
W O D I B B E R L Z O T L E W
K E K N D L P C E B M L M I H
E D T C G K A R D P I B O K K
N I R H F N E R C K P L R L M
S C O O O D C H T Z D O U O E
T I W X D Z A N C M F N H D P
E B E A O R A R A K E L A C G
K R L V C B E L R E S P O H C
C E E O E O L T R E S T L E U
U H A M S E I O V M E N I W T
B L O O T R E W O L B F A E L
D U T C H H O E P T O O C G K
U E F V H S A C K S V J E W V
```

ANT KILLER	FORK	SIEVE
BICYCLE	HERBICIDE	SPADE
BUCKET	LADDER	STRING
CHARCOAL	LEAF BLOWER	TOOLBOX
CHOPPER	MALLET	TRESTLE
CREOSOTE	OILCAN	TROWEL
DIBBER	RAKE	TWINE
DUTCH HOE	SACKS	WORKBENCH

Happiness is quality time with friends and family.
Incorporate hygge to everyday life to guarantee it.

Jessica Joelle Alexander

Slumber Party

```
R M T N E M E T I C X E T M K
C E J H G D U V E T G M A U M
A N T G A B G N I P E E L S O
K S Y H G P U E K A M S K I O
E E O S G G W C F N P S I C R
S M T V H U N A O I A B N N D
G A O G A P A I L B E Q G K E
N G O I T Y S L Y Z X D A P B
I Z T G V E O K Y A F U I K P
T D H G S W I B C N L S R F I
T R B L S T O R I E S P H H Z
A I R I B U T L O O Z Y H P Z
H N U N I G H T G O W N S S A
C K S G N I G N I S S E R A D
B S H F C S D N E I R F H C C
```

BEDROOM	GAMES	PILLOWS
CAKES	GIGGLING	PIZZA
CHATTING	GOSSIP	PLAYING
DARES	LAUGHTER	SINGING
DRINKS	MAKEUP	SLEEPING BAG
DUVET	MUSIC	STORIES
EXCITEMENT	NIGHTGOWNS	TALKING
FRIENDS	NOISES	TOOTHBRUSH

Golden slumbers kiss your eyes,
Smiles awake you when you rise.

Thomas Dekker

Art Media

```
P U N R A L C P Q T O F J X I
H E G O E R T E L I C N E P Y
M N G T I U E N N H P C B W P
E O S A C T G P T I J U Q J S
D A S D T N A R M D L C T O J
P R O A I N A D E E A T E T X
H O G D I N O C A Z T U U N Y
W C A O S C I M A R E C B O M
G H T F I M U O O L G U M O N
S A E E R L O G C Q N Q T T R
D R M B K C S L R D I V D R E
S C W O A S T C A R T S B A L
X O F B N T Y U Y Y L Y N C I
A A C R Y L I C O N A D S X E
G L A Z I N G K N U L N R Q F
```

ABSTRACT	GLAZING	PUTTY
ACRYLIC	GRADATION	RELIEF
BATIK	MONTAGE	SHADING
CARTOON	MOSAIC	SKETCH
CERAMICS	OILS	TEMPERA
CHARCOAL	OUTLINE	TINGE
CRAYON	PASTEL	TRANSFERS
DAUB	PENCIL	WOODCUT

Hygge pays attention to the concerns of the
human spirit, turning us towards a manner of
living that priorities simple pleasure, friendship
and connection above consumption.

Louisa Thomsen Brits

Ample

```
L Q P E B Y J B G P S D Y E E
D L O R R O O M Y K S M H X M
A I G O L Z N E G R A L U T H
O B G L E W D H T S H B Y E E
R E R A M Q T C S G E P W N M
B R E G V N F I U R R O O S G
X A A B A U V R A O D U A I N
A L T P L E S N F E G L B V I
D D M L Q Z T U C H L L O E M
N A E Q F T S Y O A O G U E E
R O W Q F E P G P M M M N I E
W P I M U S E L I P R L D W T
G K H G H A P V O I F O I D A
B W A Y E P T Q U V A D N T X
H S I V A L R E S J E U G E F
```

ABOUNDING	EXUBERANT	MASSIVE
ADEQUATE	FULL	PILES
BIG	GALORE	PROFUSE
BROAD	GREAT	RAMPANT
COPIOUS	LARGE	RICH
ENORMOUS	LAVISH	ROOMY
ENOUGH	LEGION	TEEMING
EXTENSIVE	LIBERAL	WIDE

Want is a growing giant whom the coat of
Have was never large enough to cover.

Ralph Waldo Emerson

Things You Can Peel

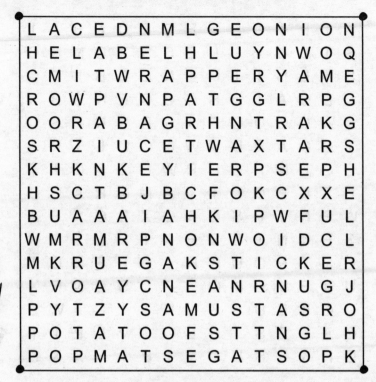

```
L A C E D N M L G E O N I O N
H E L A B E L H L U Y N W O Q
C M I T W R A P P E R Y A M E
R O W P V N P A T G G L R P G
O O R A B A G R H N T R A K G
S R Z I U C E T W A X T A R S
K H K N K E Y I E R P S E P H
H S C T B J B C F O K C X X E
B U A A A I A H K I P W F U L
W M R M R P N O N W O I D C L
M K R U E G A K S T I C K E R
L V O A Y C N E A N R N U G J
P Y T Z Y S A M U S T A S R O
P O T A T O O F S T T N G L H
P O P M A T S E G A T S O P K
```

APPLE	LABEL	SKIN
ARTICHOKE	MUSHROOM	STICKER
BANANA	ONION	TAPE
CARROT	ORANGE	TOMATO
DECAL	PAINT	TREE BARK
EGGSHELL	POSTAGE STAMP	WAX
FACE MASK	POTATO	WRAPPER
GRAPE	SATSUMA	YAM

The combination of olive oil, garlic and
lemon juice lifts the spirits in winter.

Yotam Ottolenghi

Perfume

```
H I B I D L L E B E U L B A T
S I L U Y I L E S S Z G M N Q
S T E H T I H E N C C B L P C
E D O A I H S C C G E N S B N
N W C O U O F J R R O N F S O
T C O A R D V W G O D L T P I
E G L M F S E R W B Z A O I T
E S N E C N I T A M O R A C C
W P N T F S S R O X B O K E A
S E C N E S S E R I P L L S R
P O T P O U R R I O L F D G T
U J F M B M Q O P L S E N R X
D O K E U S S U R T I C T W E
G A L S S T E L O I V L E T T
O H K R S U C S I B I H X X E
```

AMBERGRIS	EXTRACTION	ORCHID
AROMA	FLORAL	ORRIS ROOT
BLUEBELL	FRUITY	POTPOURRI
BOUQUET	HIBISCUS	ROSES
CITRUS	INCENSE	SCENT
COLOGNE	LILIES	SPICES
EAU-DE-TOILETTE	MUSK	SWEETNESS
	OAKMOSS	VIOLETS
ESSENCE		

An amber scent of odorous perfume
Her harbinger.

John Milton

Herbal Remedies

```
N Y K O E Y P U R S L A N E U
W S S K N S P L H G X R Z H Q
E E Z I C E A P N G I N G E R
G N D M A E L E O D S M X M L
A N Y N H D S I S P Q M T L I
V A W F U N E U M T E U E O S
O Y L M I S L Y N O R T P C A
L E R G T E X Q E F M A I K B
S F P A R S L E Y X L A E H I
B V V R M G I N K G O O H H W
O N O I L E D N A D W O W C O
R S J F P T S W D K Q Q D E R
A V K C O D W O L L E Y D C R
G Y R R E B N A R C F Y A A I
E D O R N E D L O G T Q U M S
```

BASIL	GOLDENROD	ROSEMARY
BORAGE	HEARTSEASE	SELF-HEAL
CHAMOMILE	HEMLOCK	SENNA
CRANBERRY	LOVAGE	SORREL
DANDELION	ORRIS	SUNDEW
GINGER	OX-EYE DAISY	SUNFLOWER
GINKGO	PARSLEY	WHITE POPPY
GINSENG	PURSLANE	YELLOW DOCK

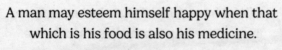

A man may esteem himself happy when that
which is his food is also his medicine.

Henry David Thoreau

Perfect

```
R K Q P D Z B E L L Y B V D H
E T D M U Q S X U Q P H D E S
E L C S S R S P F D E E R H S
E T B E Q L E E H D H Q H S E
E T A A R Q L R T S S Q R I L
L H E M R R T T I E H O K N T
B O D L M A O L A T E S E I L
A R A E P U P C F A E U X F U
C O W I R M S M N R R P C X A
C U Y T O R O N O U I E E B F
E G E C W P A C O C T R L S I
P H C A N H A M Y C N B L D P
M A J X M F W I N A E I E X J
I C L E D O M N C U Y A N K D
S I N L E S S T E L L G T X V
```

ACCOMPLISHED	EXPERT	MODEL
ACCURATE	FAITHFUL	PURE
COMPLETE	FAULTLESS	SHEER
CONSUMMATE	FINISHED	SINLESS
CORRECT	IDEAL	SPOTLESS
ENTIRE	IMPECCABLE	SUPERB
EXACT	INCOMPARABLE	THOROUGH
EXCELLENT	MINT	UNMARRED

I think I have learned that the best way to
lift one's self up is to help someone else.

Booker T. Washington

Hiking Gear

```
P H S R A L U C O N I B T T X
V A C U U M F L A S K N I F O
E D I U G D L E I F E U K Z K
B Q P Y W L E D O B L R D P C
Z L C X O F O O M B O E I S O
E B A T I F D V W I P O A E M
N M M N C Y D A E B G K T S P
O A K S K O W P W S N C S S A
H T C A M E R A W S I A R A S
P C P A M W T H K F K S I L S
L H R U I E I C R L K K F G D
L E T O R S O A Y H E C J N D
E S T R T S C N A U R U U U Q
C B O L Q S T T A Z T R K S G
T N E L L E P E R T C E S N I
```

BINOCULARS
BLANKET
BOOTS
CAMERA
CELL PHONE
COMPASS
FIELD GUIDE
FIRST-AID KIT

FOOD
GLOVES
HAT
INSECT REPELLENT
KNIFE
MAP
MATCHES
RUCKSACK

SCARF
SOCKS
SUNGLASSES
TORCH
TREKKING POLE
VACUUM FLASK
WATER
WHISTLE

You're off to great places, today is your day. Your mountain is waiting, so get on your way.

Dr Seuss

Flowers

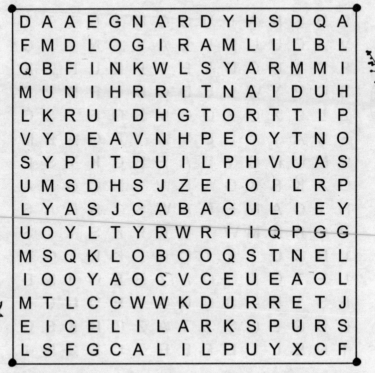

```
D A A E G N A R D Y H S D Q A
F M D L O G I R A M L I L B L
Q B F I N K W L S Y A R M M I
M U N I H R R I T N A I D U H
L K R U I D H G T O R T T I P
V Y D E A V N H P E O Y T N O
S Y P I T D U I L P H V U A S
U M S D H S J Z E I O I L R P
L Y A S J C A B A C U L I E Y
U O Y L T Y R W R I I Q P G G
M S Q K L O B O O Q S T N E L
I O O Y A O C V C E U E A O L
M T L C C W W K D U R R E T J
E I C E L I L A R K S P U R S
L S F G C A L I L P U Y X C F
```

ANTIRRHINUM	HYDRANGEA	MIMULUS
ASTER	IRIS	MYOSOTIS
CROCUS	JONQUIL	ORCHID
DAISY	LARKSPUR	PEONY
DIANTHUS	LILAC	STATICE
FREESIA	LILY	STOCK
GERANIUM	MALLOW	SYRINGA
GYPSOPHILA	MARIGOLD	TULIP

People from a planet without flowers would
think we must be mad with joy the whole
time to have such things about us.

Iris Murdoch

Drinking Vessels

```
O N E E T N A C C E W D K S K
X D V P H T S H Y B M M S N H
N Z Q B S E A H L L C A T R P
O B O T T L E C I R L D E R A
G K X D I B G O X G E K I S P
G S H C D O L P L M A G N R E
I T E U H G T I I E R X E D R
N O J S Y L A T B A U G B R C
P U C A E T A A C V G O P A U
V P B K K S A E Y I W X B K P
N P U C S X C Z J L C L I N X
W Q O E J U G L Z E T R I A S
E C A G P U D U M A B Y U T V
T O B Y J U G W M R U Z J S G
R K S A L F T U M B L E R S E
```

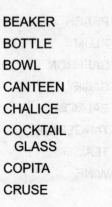

BEAKER	CYLIX	PAPER CUP
BOTTLE	DEMITASSE	STEIN
BOWL	FLASK	STOUP
CANTEEN	GOBLET	TANKARD
CHALICE	GRACE CUP	TAZZA
COCKTAIL	JIGGER	TEACUP
GLASS	MUG	TOBY JUG
COPITA	NOGGIN	TUMBLER
CRUSE		

You can never get a cup of tea large enough
or a book long enough to suit me.

C.S. Lewis

Edible Hues

```
L V P T M A Y R M W Y O Q Y C
C E E E N E N D K R N M G H Z
B H F B A I V A R M E L O N C
P Z E E E C M E N Q M C O O S
E A M S O N H K G A O C F D O
M I P V T C I K R L B F A A R
L U S R H N C R A K E S P C F
E S L L I R U T E E A A R O F
L S F E E K E T C G V N I V N
L E Q A R M A M E K N V C A O
P A M M H M O E T J T A O A R
M Z E A U W Y N F T R P T O F
U U Y T R T I A O R A N G E F
J Z L A W A G N O M L A S D A
K T D P E N C T E L A A A C S
```

APRICOT	COFFEE	PEACH
AVOCADO	CREAM	PLUM
BANANA	LEMON	SAFFRON
CARAMEL	LIME	SAGE
CARROT	MELON	SALMON
CHERRY	MINT	TANGERINE
CHESTNUT	ORANGE	TEAL
CHOCOLATE	PAPRIKA	WINE

Sit down and feed, and welcome to our table.

William Shakespeare

Canine Friends

```
O D U B B E L B S K M L Z N E
B S A Q I H P I T M E G T M H
I L H D T H T S T E A N M E R
L B C T E A B C H W X A N L P
O M T T O W O U E N G Q D E R
O O I C H G N I W O H S T Y L
G C B E H A E T L O N V T E D
N T L T P E S S J S S L Y C L
I P O E Q A R J D T A W N N A
M G S Y A A C N A Y H J B E B
O Q H K S S A K O R Z C Z I X
O A C B L M H L W O B T T D X
R X V E M A R P R S G Y Q E B
G E A O V N W H O H S U R B F
T D C L X M N K W N N T N O V
```

BALL	COMB	LOYALTY
BISCUITS	COMMANDS	OBEDIENCE
BITCH	FETCH	PACK
BITE	GROOMING	SHOWING
BONES	HEEL	TOYS
BOWL	KENNEL	VET
BRUSH	LEAD	WALKS
COAT	LEASH	WHELP

It's funny how dogs and cats know the inside
of folks better than other folks do, isn't it?

Eleanor Porter

Board Games

```
A H E H A E L K R I W Q U I O
B T T R E G U Y D D R D Q D I
E Y R N O E G N U D I C U C C
M P O I C A Y P V X X L Q T Y
K S H H V A T S I K R I C U N
P X E A H I G T F P B D Y R C
L S C T S N A J A E C R I H A
S E Z J O N D L R C R S M T M
W E T J E A E I P O K E B K E
E S H O U T U S S U X G L A L
J A I P H Q U K T I R T O E U
M U A I C W L Q C E C S K R P
S M L A E R R A T S A U U B W
N U G O H S A J A M G R S I R
R A E F S O M T A C H O S O T
```

ACQUIRE	DIXIT	RISK
ATMOSFEAR	DUNGEON!	SHOGUN
ATTACK	HOTEL	SHOUT!
BLOKUS	LUDO	SORRY!
BREAKTHRU	MAH-JONG	STAR REALMS
CAMEL UP	MEXICA	TRIVIAL PURSUIT
CHESS	MYTH	TSURO
CIRKIS	QWIRKLE	YAHTZEE

There are only three forms of high art: the symphony, the illustrated children's book and the board game.

Brian K. Vaughan

```
M W E Y L W E S T E R N A Y E
L T E E L N R V E K J T T J M
A A V H D A Q M U T L H O Z I
U O O I U I U O P A X Y L J T
N T N T S L T I S S I Y P H E
A G H F O E R O L Z D R B L L
M O D V T C I A R U P Y B W T
R M R D S R N R T M U I B N S
W A E L M N I S E R B K L Q I
I F V I A D R L E S V M E Q P
I S O A I D E P O L C Y C N E
T T C B N U A L Y G M B O M H
X L M I Q P W V L L Y M O C D
E O E E F G E R Q W R T T S E
T W S U G I B R E M I R P N X
```

ANNALS	EPISTLE	SEQUEL
ATLAS	MANUAL	SERIES
AUTHOR	NOVEL	STUDY
BIBLE	PAPER	TEXT
COVER	PLOT	TOME
EDITOR	PRIMER	TRILOGY
ENCYCLOPEDIA	SCI-FI	VOLUME
ENDING	SCRIPT	WESTERN

"You have been my friend," replied Charlotte.
"That in itself is a tremendous thing."

E.B. White ("Charlotte's Web")

Varieties of Pear

```
D E J L A S M A I L L I W C R
Q V X E E H O L D F I E L D E
H Z E K D G C T T E L T R A B
N Y C C R A A O C T K E S R M
O B N E J J R N R C E N T H U
D A E S D X X E O E I R M U L
Y R R P U W U N T S D A A D O
E L E G G E N A W S R B R L E
H A F H T A N U I H U A Z R C
S N N Y C G D E A U F L P K N
R D O N A L J K E F H K C L A
B K C M R O R G I A J A A G R
E E A N J O U G A D S Y G S F
T U M P E R H K M C L O Y A A
H E I M F E R T I L I T Y U L
```

ANJOU	CONFERENCE	PARSONAGE
BARLAND	FERTILITY	ROCHA
BARNET	GIFFARD	SACK
BARTLETT	HEYDON	SECKEL
BETH	LA FRANCE	SWAN EGG
CANNOCK	LUMBER	THORN
CLARET	MAGNATE	TUMPER
CLUSTER	OLDFIELD	WILLIAMS

A pear-tree planted nigh:
'Twas charg'd with fruit that made a goodly show,
And hung with dangling pears was every bough.

Alexander Pope

Ancient Cities

```
V G P P H T O B O H E R S R D
F S U S E H P E M V Y O W C U
K E M S S B A Y N T S L O A C
V Z T I K A L L Q S G H I H H
Y T N C L B E C O I C N E O I
X A P E X Y U N A I O G O K C
T S P H Y L K E R L P D R I H
M P A Y N O I E L Z N A E A E
O O E P K N J O J S N E M J N
D M A V P Z P X Y G N X H V I
O P P B D A N U K A N A W I T
S E M E A K R O T I R I R D Z
F I Z L T C R A T H E B E S A
F I R V P R J A H U K X V Z T
Y O R T X P A L M Y R A F X I
```

AKROTIRI	EPHESUS	POMPEII
ALEPPO	HARAPPA	REHOBOTH
ANGKOR	JERICHO	SODOM
APOLLONIA	KNOSSOS	TANIS
BABYLON	KUELAP	THEBES
CAHOKIA	MEROE	TIKAL
CALNEH	PALMYRA	TIWANAKU
CHICHEN ITZA	PETRA	TROY

It's not mindfulness, it's we-fullness—
the Danish art of Hygge.

Jessica Joelle Alexander

Mountain Ranges

```
K E U A M C I Y V K V J R Z W
E N O T T U S X A Q C V K V K
S X S L M V V L J G B T P K E
A X J A O M T T R Y K C O R O
E V N S M X Z E N S H E E P G
R K G O U A B A X K K G A A J
C E I T T R R G D K N L R S T
S B X F E G D O T E T K R C T
C R P D X M N E P A E E M C I
H U E I K W D I I W T T D I E
E C L P O K K Y D U R A L S M
R E L F A N K G E D N M V J Q
S G Y R U O E R I D A K A U T
K I T I M A T E E K P W O R B
Y B H S V Y G S R X T W C A C
```

ALTAI	CREASE	SHEEP
AMARO	JURA	SMOKY
ANDES	KIPENGERE	SUTTON
ATLAS	KITIMAT	TREUTER
BRUCE	KRAG	TUXTLA
BYNAR	PELLY	URALS
CEDERBERG	PIONEER	VOSGES
CHERSKY	ROCKY	WADDINGTON

Climb the mountains and get their good tidings.

John Muir

```
H C N O C E N J I N G L E W D
L Y M C H W R Q V X M N T S V
H M M U R E X E P G C L T L T
Q G U E T R O Z A R G O L P F
A U U S F E Q X I I N E E I L
X L Y O S Z M N J E H I I D I
N O Q S R E I L L S R K G D A
R O I X M T L I E W O O N O N
E A T N E D L L O H H Q C C S
L N T I W Y D C S A R O G K W
T P E S H E T H U O C U N F O
R Q S X E C C Q T K L Q B A M
U D H N L L O D L O A E K K G
T U K R K U N E B U O Z N H Y
J L Z X M T E S U L I T U A N
```

CHITON	MUREX	SNAIL
COCKLE	MUSSEL	SOLEN
CONCH	NAUTILUS	STAR
CONE	NEEDLE SHELL	STONE LILY
COWRIE	OYSTER	TOOTH
ENCRINITE	PIDDOCK	TROUGH
HELMET	QUAHOG	TURTLE
JINGLE	RAZOR	WHELK

One cannot collect all the beautiful shells on
the beach. One can collect only a few, and
they are more beautiful if they are few.

Anne Morrow Lindbergh

Marine Life

```
C X L N E X R C E D K K H T T
U C O U E H P L E K Q A D U F
T E X R T T C U S D I U Q S J
T A U V A A K N R A C R O K X
L M J B N A U W O Z L U J S P
E V I R A Q I A H C S M K H L
F D A W M R E R A U U T R E A
I B B H R N C P E S P W I L N
S E S E O A G G S T M G L L K
H I E L W S X E O M A V L I T
U X A K G R L Z W E R S K X O
J B Y O U P A U X H G R Z M N
A O V P L J U C O R A L A H J
E L T R U T L Q K H D L X G M
Z O P V K J W Z S K C N Y R A
```

ABALONE	KELP	PRAWN
BARNACLE	KRILL	SEAHORSE
CLAM	LUGWORM	SHARK
CONCH	MANATEE	SQUID
CORAL	MUREX	TURTLE
CRAB	MUSSEL	TUSK SHELL
CUTTLEFISH	ORCA	WHELK
GRAMPUS	PLANKTON	WRACK

For instance, on the planet Earth, man had always assumed that he was more intelligent than dolphins because he had achieved so much... But conversely, the dolphins had always believed that they were far more intelligent than man—for precisely the same reasons.

Douglas Adams

```
B P F E Y A B N O S D U H Q I
E E L I L A G F O A E S B K K
R K H A E S L A R O C G E O M
I P D P W A Y A B S U H R A A
N A B G E J L Z B L L O I C S
G N E S U S W A F A S R N H A
S A D S E L S O B E I O G U Y
T E F A W S F L A S O P S K N
R S D L S O A O H A Y A E O E
A C S E M C L S F R J L A T K
I I A A K I E L B A Y K N S A
T T N S E A K C E K Q B N K L
K L E F R A M S E Y B A Y S F
M A J S S E N H C O L Y B E U
I B L G C W H I T E S E A A A
```

AARHUS BAY	CORAL SEA	LAKE NYASA
ARAL SEA	GULF OF AQABA	LOCH NESS
BALTIC SEA	GULF OF OMAN	PALK BAY
BASS SEA	HUDSON BAY	RAMSEY BAY
BERING SEA	IRISH SEA	RED SEA
BERING STRAIT	KARA SEA	SEA OF GALILEE
BLACK SEA	KIEL BAY	WHITE SEA
CHUKOTSK SEA	KORO SEA	YELLOW SEA

For whatever we lose (like a you or a me)
it's always ourselves we find in the sea.

E.E. Cummings

Shopping List

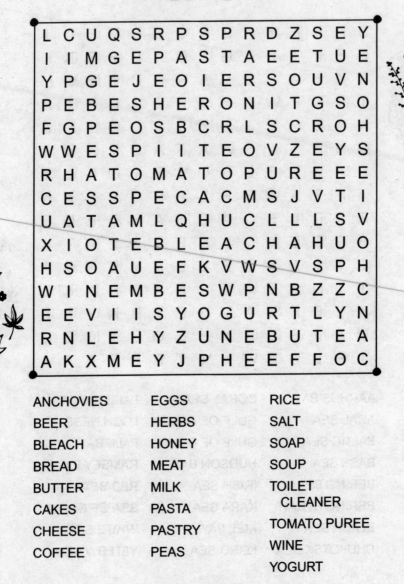

```
L C U Q S R P S P R D Z S E Y
I I M G E P A S T A E E T U E
Y P G E J E O I E R S O U V N
P E B E S H E R O N I T G S O
F G P E O S B C R L S C R O H
W W E S P I I T E O V Z E Y S
R H A T O M A T O P U R E E E
C E S S P E C A C M S J V T I
U A T A M L Q H U C L L L S V
X I O T E B L E A C H A H U O
H S O A U E F K V W S V S P H
W I N E M B E S W P N B Z Z C
E E V I I S Y O G U R T L Y N
R N L E H Y Z U N E B U T E A
A K X M E Y J P H E E F F O C
```

ANCHOVIES	EGGS	RICE
BEER	HERBS	SALT
BLEACH	HONEY	SOAP
BREAD	MEAT	SOUP
BUTTER	MILK	TOILET CLEANER
CAKES	PASTA	TOMATO PUREE
CHEESE	PASTRY	WINE
COFFEE	PEAS	YOGURT

In the shop we buy and sell them, but in truth books have no owner. Every book you see here has been somebody's best friend.

Carlos Ruiz Zafón

Cake Baking

```
S S D L L F C H T D K W C T G
T Z P W J C E D G R A E G D R
N D R O T I U R F T A R N M T
A C T B N T K B E N M Y I R E
R L F E Y G R R U A E X L A M
R H U A Q E E D E T E A L G P
U B U T C N S R B R T S I U E
C P P I A H C A O P N E F S R
V K P N S P W X N I T E R W A
P E S G X P S B S A R D N W T
U S N P S I O I R U T E T B U
O V E N C R A O R U O L F H R
U X U I R R C O N E M I U P E
K I N G R E D I E N T S N S M
S G G E D V Z Q K Y J F X F X
```

BEATING	FLOUR	SPATULA
BOWL	FRUIT	SPONGE
BUTTER	ICING	SPOON
CREAM	INGREDIENTS	SUGAR
CURRANTS	MIXER	SULTANAS
DECORATE	OVEN	TEMPERATURE
EGGS	RAISINS	TRAY
FILLING	RECIPE	WATER

You can keep your willpower, Frog.
I am going home to bake a cake.

Arnold Lobel ("Frog and Toad Together")

Tchaikovsky

```
I D X A N I N O T N A Q I Z M
T E I L U J D N A O E M O R R
W A H C I Y L I R T O Y P E O
K N E V A L S E H C R A M R T
H I P F A S Y M P H O N Y U S
D G S Q U A R T E T S O X T E
V E E R K I N H C I R P O R H
O N R A L E X A N D R A C E T
N O E F P A M M S V I V O V M
M E N M N W N L V P I A N O A
E N A K S A R E L O H C C V Z
C E D V H Q M T L Y R E E D E
K G E V O T K I N S K L R D P
S U S S W A N L A K E A T Q P
C E D E S I R E E A R T O T A
```

ALEXANDRA	MARCHE SLAVE	RUSSIAN
ANTONINA	MAZEPPA	SERENADES
CHOLERA	OPRICHNIK	SWAN LAKE
CONCERTO	OVERTURE	SYMPHONY
DESIREE ARTOT	PIANO	THE STORM
EUGENE ONEGIN	PYOTR ILYICH	VIOLIN
	QUARTETS	VON MECK
HAMLET	ROMEO AND JULIET	VOTKINSK
MANFRED		

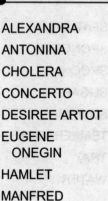

Embracing the simplicity and pleasure of every day is profoundly comforting to all of us... and recognizing that our highest forms of happiness come from our relationships with others remains at the core of the hygge way of life.

Barbara Hayden

Little Things

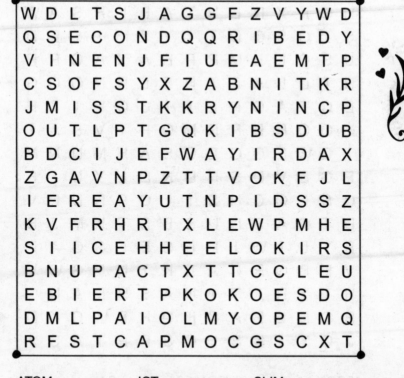

```
W D L T S J A G G F Z V Y W D
Q S E C O N D Q Q R I B E D Y
V I N E N J F I U E A E M T P
C S O F S Y X Z A B N I T K R
J M I S S T K K R Y N I N C P
O U T L P T G Q K I B S D U B
B D C I J E F W A Y I R D A X
Z G A V N P Z T T V O K F J L
I E R E A Y U T N P I D S S Z
K V F R H R I X L E W P M H E
S I I C E H H E E L O K I R S
B N U P A C T X T T C C L E U
E B I E R T P K O K O E S D O
D M L P A I O L M Y O P E M Q
R F S T C A P M O C G S C X T
```

ATOM	JOT	SLIM
BABY	MINIATURE	SLIVER
COMPACT	MOTE	SMUDGE
DROPLET	PETTY	SNIP
FLEA	QUARK	SPECK
FRACTION	SECOND	SPOT
GRAIN	SEED	TINY
ITTY-BITTY	SHRED	WEENY

The proper office of a friend is to side with you
when you are in the wrong. Nearly anybody will
side with you when you are in the right.

Mark Twain

Cleaning

```
H O K X R E H T A E L H S A W
S T O S Q D T I Y Z M I S E D
U S O L L M R P H A X A G R R
R T D L A Z T H E L R N O O G
B C T A C P L I I C O P I F R
M O O R B R R M Q P I V S A I
T Q W E O G E O S A H M N N M
E G E V D S N D N D L Y U I E
O S L O C H S I L O P R D P V
D T N A S D U S B S T K M J B
B Y L I W I P E S B L S O A P
V E B Q R C A L K T U P G W V
H T Y R A T I N A S H R A N O
B O B L E A C H O H F W C K D
J O Y J K S L Q S P P I A S J
```

APRON
BLEACH
BROOM
BRUSH
CLOTH
FOAM
GRIME
LIMESCALE

OVERALLS
PINAFORE
POLISH
PUMICE
RINSE
SANITARY
SCRUBBING
SOAK

SOAP
SODA
SPONGE
SPRAY
SUDS
TOWEL
WASH LEATHER
WIPES

I've always enjoyed doing dishes. Maybe it was the
fashionable yellow gloves that I loved so much. It's
weird, I know, but I find cleaning cathartic.

Rachel Nichols

```
H B X G N I L I A V E R P L C
D I E Q D Z A K I K O E P C Y
O N G B L O W M G U Z K M V C
L S I H T E E K I T S U G P L
D C I W Y T D Z Z L A N U T O
R F N R L Q B R R Z A F U S N
U F N E O R X L A P F C Q K E
M O M Z E C I T A B A T A K D
S R A E E G C H S S M B B F A
G C Z C L P E O W A T O U O D
I E Y K Z A H N E U E T L E N
X U H G J R G Y T F Q R Y H O
E W X U Q M V O R L J K O N Z
E C N E L U B R U T E U T B O
Q W S U X Z N R L L E I M A S
```

BLAST	FORCE	PREVAILING
BLOW	GALE	PUFF
BOREAS	GENTLE	SAMIEL
BREEZE	GUST	SIROCCO
CALIMA	HIGH	TURBULENCE
CYCLONE	KATABATIC	WHIRLWIND
DOLDRUMS	LOMBARDE	ZEPHYR
FOEHN	MELTEMI	ZONDA

The night was not very dark; there was a full moon,
across which large clouds were driving before the wind.

Victor Hugo

Paper Types

```
B T O L L A B X L H Q X M G J
I H N G W D S U R Y P A P U F
R N W Z R C B Z T M A N I L A
B M O F A A P A R C H M E N T
A Q R R P X P S A P L G C A H
K L B X P T W H C Z A U I T C
I O J G I B W M I L J G X O V
N I K R N R F S N K E X C I N
G L I E G O E G G N K Z B L N
V P T E L M X C E P E R C E E
B A C N W I G A Y F W A N T D
T N H H H D T H Z C D I E K W
O E E Y I E N M F I L T E R A
L W N V T I S S U E M E B A L
S S Y A E V B A F S V Q D H L
```

BAKING	GREEN	PARCHMENT
BALLOT	KITCHEN	RECYCLED
BROMIDE	LEGAL	TISSUE
BROWN	LINEN	TOILET
CARBON	LITMUS	TRACING
CREPE	MANILA	WALL
FILTER	NEWS	WHITE
GRAPH	PAPYRUS	WRAPPING

The love of learning, the sequestered nooks,
And all the sweet serenity of books.

Henry Wadsworth Longfellow

Pantry Contents

```
R A G E N I V N G W N E H M W
T L R U O L F E E G M H Q S W
S K I E H R G K M P R U N E S
B P T R S M E O T P G G X L E
R R H E U E L G U Z U S Z K C
E E Y P A I V A N G E L I C A
H D M P V B P A Z I Y T L I M
Z N E E X D A M E E G E G P M
K A O P R U D G A L N T L A S
C I C Y A G U S S T Y I N G P
L R W Q G P T K I Q H A C H J
O O B O U I L L O N C U B E S
V C Y T S O S A M P M O E E H
E O R E G A N O A I R K O T F
S K S Z C K G M N X P U O S E
```

ANGELICA	HERBS	PRUNES
BAY LEAVES	LENTILS	SALT
BOUILLON CUBES	MACE	SOUP
CLOVES	NUTMEG	SUGAR
CORIANDER	OLIVE OIL	TEA BAGS
CUMIN	OREGANO	THYME
FLOUR	PEPPER	VINEGAR
GINGER	PICKLES	YEAST

Cooking is all about people. Food is maybe the only universal thing that really has the power to bring everyone together. No matter what culture, everywhere around the world, people eat together.

Guy Fieri

Hues

```
D V Q E A Z C R T P R G E U E
L B T P S J T H D U J R M Z N
S A P P H I R E E N O W K R I
L L Y I C Q R Y H S O A L S N
E S K T J R B E E H T L Y G R
C T J T E R A L C S C N B I U
B B E E C F E L A E J U U Y B
N E U L S O Y M J L A T D T U
U L R F O B R Y K F O K L N A
B R S G F I O A T L N E J E T
A G C U E H V U L Q M D Z P D
G D V E R M I L I O N S U D M
N P L N N V K V N N I J L V E
O N W O R B O F H K R O C F X
E T I H W B L P Y K G N Q I W
```

APPLE	CLARET	JET
AUBURN	CORAL	LEMON
BLOND	CORK	ROSE
BLUE	ECRU	SAPPHIRE
BROWN	FERN	VERMILION
BUFF	FLESH	VIOLET
CERISE	GOLD	WALNUT
CHESTNUT	IVORY	WHITE

Make your home as comfortable and attractive
as possible and then get on with living.
There's more to life than decorating.

Albert Hadley

Tastes

```
D P E B T G C Y V E Z T C S B
L E N V C Y T V Q K R I U R T
I P E H B A S B G A D O D R K
M P N N E M C F T I I Y N L E
L E D M A F I F C T G U A S M
S R S S R G T A P N T M L P P
N Y G U J H R M N N B M B V W
A E I O S F U O E C D Y I C E
N T H I A R S G T P S N B T P
Y N M C C R N Y R X E A H O T
F S N S V U T A N G Y R L F B
I W U U P O H C A T M A L T Y
S E T L D S C R U T A T Z I Y
H E T M R B Y I U S M O K Y M
Y T Y D V G X D N A K J X U H
```

ACIDIC	MALTY	SHARP
ACRID	MEATY	SMOKY
BLAND	MILD	SOUR
CITRUS	NUTTY	SWEET
FISHY	PEPPERY	TANGY
FRUITY	PUNGENT	TART
HOT	SALTY	VINEGARY
LUSCIOUS	SCRUMPTIOUS	YUMMY

What I say is that, if a man really likes potatoes,
he must be a pretty decent sort of fellow.

A.A. Milne

74

WINE...

```
V V U D N M C D S K J L T I X
E N D E C A N T E R K A Y I Y
G A R K O K I J H Y R B A F R
D B H I N I C F G E C E A U R
O R R Z S N U A V Y A L N N E
L J E E A G T O R G S W R N B
L I O G L G L T B R K L E E S
X B S X E O O R L O G W V L Y
L O E T S M O Y R W T S A V U
E Q Y S M U G C E E Q T T M C
S K I N A S O F T R G T L Y N
T S S O N Q Z W S G R A P E C
S R A B H B Q W A I T E R I T
U J I L D Z O Y T R A P I T R
B K R G G W M X L B H J H Q B
```

BARS	GLASS	MAKING
BERRY	GRAPE	PARTY
BOTTLE	GROWER	RACK
BOX	GUMS	SALESMAN
CASK	LABEL	SKIN
COOLER	LIST	TASTER
DECANTER	LODGE	TAVERN
FUNNEL	LOVER	WAITER

I cook with wine, and sometimes
I even add it to the food.

W.C. Fields

80

Affirm

```
T C U V G T S E T O R P K B Y
V A L I D A T E E Y P E A M L
E G E L L A N V K X M P V L X
D N E F E D I D D A R X P A N
F A C N B T X E L O R E R R I
E E Q J I C O N F O R M O S A
T S G S P E T E D A H T N A T
A X O D N R S G L A R P O G N
T P Y P E S T C R O K Y U R I
S E Y S E L E F P W U F N E A
K Y S H D D P P T R S I C E M
T A E W P N U A V O W T E F Q
F D Q V E S T M K C F R S Y H
S U B S T A N T I A T E R A M
O X H K E S R O D N E C K A Y
```

AGREE	DEFEND	PROTEST
ALLEGE	DEPOSE	SAY
ASSERT	ENDORSE	STATE
AVER	MAINTAIN	SUBSTANTIATE
AVOW	PLEDGE	SUPPORT
CERTIFY	POSITIVE	SWEAR
CONFORM	PROFESS	UPHOLD
DECLARE	PRONOUNCE	VALIDATE

The friend who can be silent with us in a moment
of despair or confusion, who can stay with us in an
hour of grief and bereavement, who can tolerate not
knowing, not curing, not healing and face with us the
reality of our powerlessness, that is a friend who cares.

Henri Nouwen

Nobel Peace Prize Winners

```
E J T I R A A S I T H A O B M
E M U H H T V O E T I O Y A B
W K C S L T P R K E A O N Z J
O G P A C S R S S M A D D A C
B A N P G C C A S U E N A S I
G M B U L H Z E Y L T P N S P
T A K X J W R K A T Z U G A E
E B I U W E W D N V A G T T N
S O S C P I A O J R O S E A D
S X S B B T G D U L Y N N F R
U I I M U Z T A L B T O R A E
N A N G N E B E G I N O X R T
U O G K C R K A A D C N K A R
Y B E E H Z A K Z E H E E O A
K O R D E K L E R K E Q C W C
```

ADDAMS	DAE-JUNG	PERES
AHTISAARI	DE KLERK	ROTBLAT
ANNAN	GBOWEE	SADAT
ARAFAT	HUME	SATYARTHI
BEGIN	KELLOGG	SCHWEITZER
BUNCHE	KISSINGER	TUTU
CARTER	MANDELA	XIAOBO
CECIL	OBAMA	YUNUS

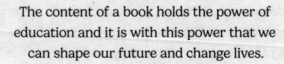

The content of a book holds the power of
education and it is with this power that we
can shape our future and change lives.

Malala Yousafzai

Alice in Wonderland

```
M K H E R A T R F S U R L A W
J Y E F M O E E M A R Y A N N
L T A V C D S U U F B Y R O L
J F T H Q J D E G Q F U W D E
R G M U O R J N S F O C D S R
K E E H I D I M B E A R U E R
C E T N V K O K O T I O C L E
N H K N E L N D E O M M H D D
K M Q T E R S R D R R Q E D K
E O I O E P P S O T M H S I I
D H O P H I R D V T G B S R N
W I P C L T E A P A R T Y U G
W E N L S M A R C H H A R E M
P K A A M U D E L D E E W T Z
C R D E H N N O H P Y R G Z A
```

CARPENTER	DUCHESS	RED KING
CATERPILLAR	EAT ME	RED QUEEN
COOK	GRYPHON	RIDDLES
CROQUET	LORY	ROSES
DINAH	MARCH HARE	TEA PARTY
DODO	MARY ANN	TWEEDLEDUM
DORMOUSE	MUSHROOM	WALRUS
DRINK ME	PEPPER	WHITE KING

We need to learn to enjoy the moment and
cherish the little things. It is all about you being
happy, content and at peace with oneself.

Sofie Pedersen

Puzzles

```
S J S M X M M X P W U V Q T B
S T S K C R O S S W O R D F O
D W O O T X E F Y R O M E M W
E B A R U H S B M D O M I N O
C Y E I Y U O M U T H I N K R
N S D R O W X O U S N N V S D
E R U G I F O L Z S M D Q E S
R I P R D R M R K P A B U O E
E D L I N K S V D W R E O Y A
F D Z D A D R G W I G N T U R
F L V S E C U E M C O D E S C
I E Y V B K I M W R N E S L H
D I L E M M A G U S O R U H N
Z O D E W X S M O U N E U G J
S S E Z A M K L G L S A U W F
```

ANSWER	GRIDS	REBUS
CLUES	LINKS	RIDDLE
CODES	LOGIC	SOLVED
CROSSWORD	MAZES	STORYWORD
DIFFERENCE	MEMORY	SUMS
DILEMMA	MIND-BENDER	THINK
DOMINO	NONOGRAM	WORDSEARCH
FIGURE	QUOTES	X WORDS

Mysteries do not lose their poetry when solved. Quite the contrary; the solution often turns out more beautiful than the puzzle.

Richard Dawkins

Nocturnal Creatures

```
D V L L L Z A Y V H E V V W Y
B D Q U X O Z M K F L S J L O
R Y H E V I K E U T O P F F G
O N O O C C A R A P M E R N U
W G R D R A P O E L R C V R L
N Z N E E S T F V I K T L E O
R O K I G S E P F D O A I G C
A H T U D I O S V F A C B D O
T F G T P L T V H M L L R A Y
R T O L E C O D A O A E E B O
E D D C P R J Y C P E D G G T
D W A R F L E M U R W B V W E
F T K A K A P O Q F G E A Y P
O H Q V Y Y J E R B O A N T N
X N I E N W U Y F R P R Y P A
```

AYE-AYE	GERBIL	OTTER
BADGER	HORSESHOE BAT	POLECAT
BROWN RAT	JERBOA	PUMA
COLUGO	KAKAPO	RACCOON
COYOTE	KOALA	RED FOX
DINGO	LEOPARD	SPECTACLED BEAR
DWARF LEMUR	MOLE	STOAT
FIREFLY	OCELOT	TIGER

Shabby indeed, and small and poorly furnished, and yet
his, the home he had made for himself, the home he
had been so happy to get back to after his day's work.

Kenneth Grahame ("The Wind in the Willows")

Herbs and Spices

```
Z O D M A R S W M U O S Y M N
D L H Q K O D A Q L O V A G E
L A N C I S X V T L H V N G L
S A V O R Y O Y X F L G O Y E
R A U D P J H R Y M S I H E N
Y Z V M A R J O R A M B D M N
R G Q O P A R S L E Y E C A E
A M U C I R E P Y H L C I S F
M T H Y M E E N Q A U A L E Q
E C O R E L G X D R T M R S M
S S A Q I R E V R I Z J A Q N
O Q I S H A F Y A Q V E G U G
R O A N S T O M A G R E B R F
D B T C A I Z P O S S Y H C E
U E C B O R A G E C M S V O D
```

ANISE	ENDIVE	PAPRIKA
BASIL	FENNEL	PARSLEY
BERGAMOT	GARLIC	ROSEMARY
BORAGE	HYPERICUM	SAGE
CASSIA	HYSSOP	SAVORY
COMFREY	LOVAGE	SESAME
CURRY	MACE	SORREL
DILL	MARJORAM	THYME

Hot lavender, mints, savory, marjoram:
The marigold, that goes to bed wi' the sun,
And with him rises weeping.

William Shakespeare

Water

```
L H Y H I Z G F A X K G Z B S
H E E R S R I O V R E S E R D
S O L E E A X D R A I N R O R
C U T P D S W Q L E D D Y A O
Q X R K P O Y E H S A L P S P
W F O F A I N E L Y D G T I L
D V R H B N R V G T I I R S E
J E J R A R E W O H S A I T T
Z D O H G O H Z L N P E U E U
S O C Y J C E L Z I A O Q G P
K Y H N T Z E Z D R P C S U K
R E V I R W Z S E S O H D L Y
M Z D L S V A P E U R D F E T
S H M Y Y Q H W G U L C H D C
L O O P L R I H W E L X E F R
```

BROOK	GULCH	SHOWER
CHANNEL	HOSE	SPLASH
DELUGE	OASIS	SPOUT
DITCH	PUDDLE	SQUIRT
DRAIN	RAPIDS	SURF
DROPLET	RESERVOIR	SWELL
EDDY	RIPPLE	WASH
GEYSER	RIVER	WHIRLPOOL

I love you like a river that understands
that it must learn to flow differently over
waterfalls and to rest in the shallows.

Paulo Coelho

Ancient Writers

```
U D S F P L U P U S M W O Q V
N F V U N E O D I P H I L U S
B Y T L R H T L O P S Q G M A
X W I B P U L R B I W R J V V
S V R P L A C D O O S X S B E
Y A A A G M C I Q N S E O W C
D S I A D N V E P O I D H S A
I U S H U N L A N E V U J E R
V T E Y T Y I Q P E F D S T O
O I S E N A H P O T S I R A H
X C O W L I G Y S L Q D S R U
H A M P H I L A E N I S F C N
O T A L P G P P A S O T I O N
F X H L V A R A R U C H I S L
O A E H Y Q T P S H O M E R F
```

AESOP	HORACE	PLATO
AGALLIS	JUVENAL	PLINY
AGATHIAS	LIVY	SAPPHO
ARISTOPHANES	MOSES	SENECA
DIPHILUS	OVID	SOCRATES
EPICURUS	PETRONIUS	SOTION
HESIOD	PHILAENIS	TACITUS
HOMER	PINDAR	VARARUCHI

Wonder is the feeling of a philosopher,
and philosophy begins in wonder.

Socrates

Magical

```
C B D I L L U S I O N H O S T
N D L N N O G P O S W M U G Y
F E I A A Y C W X T K P Z F S
X G E U C W X K L E E X E L S
N O E Z H K D U S R U R L N V
W O R G G R C N N C X E I Z M
O T I L A C E A Y E P A P A E
H S A T O T T D R S H F G T N
S S M F P U S Y N C A I I X I
S J B O R E A U K O C H P W L
I Y W A J D C M B I W Z C P R
M E L E P A C E A O Y B U P E
R P O L T Y T N D Z H A R T M
N E T R I C K E R Y E R S E R
E S C A P O L O G I S T E D W
```

AMAZE	ILLUSION	SPELLS
BLACK	LOCKS	STAGE
CAPE	MAGICIAN	STOOGE
CHAINS	MERLIN	SUPERNATURAL
CURSE	OCCULT	TRICKERY
DECEPTION	POWER	WAND
ESCAPOLOGIST	SECRETS	WHITE
GLASS	SHOW	WONDER

Words do have a magical effect—but not in the way
that magicians supposed, and not on the objects they
were trying to influence. Words are magical in the
way they affect the minds of those who use them.

Aldous Huxley

Teddy Bear

```
P M O T H C I M I L W F H Y W
H X C Q T L X P T W Y G L G F
U N F I X N O B B I R D N G F
G O E C N P T J U O D I U L I
G T O R A C F Y W U F N X W E
I T Y W L M I L C F D E J R T
N U S B T R E P U R V F L D S
G B T Y A R O T N F H S U L P
N W I H J N S O Q Y F X B G E
H N N M M S R Z S D T Y Z T X
C N U S Q U E A K E R O U D N
M Y L Z Z I R G B Z V C O H Z
T O F D N E I R F T S E B S B
C O R D U R O Y I S G E L J O
S E Y E Y D A E B K C B H T U
```

BARNABY	GRIZZLY	RIBBON
BEADY EYES	GROWLER	ROOSEVELT
BEST FRIEND	GUND	RUPERT
BUTTON	HUGGING	SOOTY
CORDUROY	MICHTOM	SQUEAKER
CUDDLY	PAWS	STEIFF
CUTE	PICNIC	STUFFING
FLUFFY	PLUSH	TY INC

"Nearly eleven o'clock," said Pooh happily. "You're just in time for a little smackerel of something."

A.A. Milne ("The House at Pooh Corner")

Writing

```
B U B C D N E T T I R W N D L
L I C N E P E Y D E A R S I R
P R N V S G A R X R C O M M A
I E Y V R E F E R E N C E H G
Y N L O O X M V S T A M P S X
L E U G N I L I A M O A G M O
E P R R N W C L C S X R O I B
R O T A F I W E A O E K X N R
E Y S M V G D D N E L P R U E
C G R M S X D A T K G O G T T
N C U A Q R S I E R B T N E T
I T O R E U N D E R L I N E E
S J Y S I G H W T R O D X A L
K B S M S O S C I L A T I P A
D K R A M R E T A W E N U R K
```

ADDRESS	LETTER-BOX	SEMICOLON
COMMA	MAILING	SINCERELY
DEAR SIR	MEMOS	STAMPS
DELIVERY	MINUTE	TEXT
GRAMMAR	OPENER	UNDERLINE
GREETINGS	PENCIL	WATERMARK
INVOICE	READING	WRITTEN
ITALICS	REFERENCE	YOURS TRULY

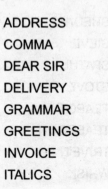

You haven't really been anywhere
until you've got back home.

Terry Pratchett

Kitchen Items

```
M V T E A S P O O N J P Q N P
T S E C E R E A L B O W L A I
S E T H O U R S O A K K R C E
H J A O Q M E I P J D I O F D
E F X P V J T E T I N L O Z I
L I Z P O E A V K G A O E J S
V S Z I S T R E K N D E S U H
E H V N A P G N D M R P K I Z
S F X G U M I E I A A S J C X
K O T B C F R X M T I A H E T
E R E O E Y E E U H N J H R J
T K V A P R K L W T E A S A P
T F I R A I A F M I R Y Z B Q
L G R D N P U C E E F F O C S
E E T A L P R E N N I D S C B
```

CEREAL BOWL

CHOPPING
  BOARD

COFFEE CUP

COLANDER

DINNER PLATE

DRAINER

FISH FORK

FOOD MIXER

GRATER

JUICER

KETTLE

LADLE

PARING KNIFE

PIE DISH

RAMEKIN

SAUCEPAN

SHELVES

SIEVE

SPATULA

STOVE

TEAPOT

TEASPOON

TRIVET

WHISK

Cooking with kids is not just about ingredients,
recipes, and cooking. It's about harnessing
imagination, empowerment, and creativity.

Guy Fieri

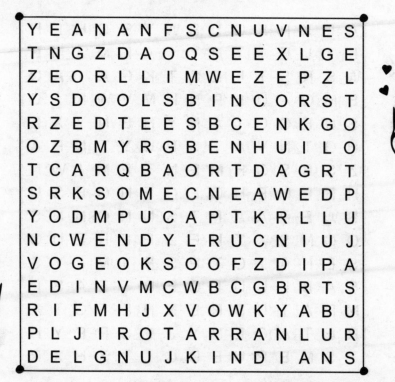

```
Y E A N A N F S C N U V N E S
T N G Z D A O Q S E E X L G E
Z E O R L L I M W E Z E P Z L
Y S D O O L S B I N C O R S T
R Z E D T E E S B C E N K G O
O Z B M Y R G B E N H U I L O
T C A R Q B A O R T D A G R T
S R K S O M E C N E A W E D P
Y O D M P U C A P T K R L L U
N C W E N D Y L R U C N I U J
V O G E O K S O O F Z D I P A
E D I N V M C W B C G B R T S
R I F M H J X V O W K Y A B U
P L J I R O T A R R A N L U R
D E L G N U J K I N D I A N S
```

CARTOON	JUNGLE	PRINCESS
CLOCK	MARY	STORY
CROCODILE	MICHAEL	SWORD
CURLY	MR SMEE	TEDDY BEAR
GEORGE	NANA	TINKER BELL
GREEN	NARRATOR	TOOTLES
INDIANS	NIBS	UMBRELLA
JOHN	PIRATES	WENDY

Shall we make a new rule of life from tonight:
always to try to be a little kinder than is necessary?

J.M. Barrie

Greek Deities

```
A L X R K G L B W Y B C H L H
E I L E I T H Y I A E M J M B
W S R S T F E Q T K G A I A O
S M Q A U L R N H M V W R I C
S U E O C I A N Y H E N Y X E
H O T N V A T S P U Y T N P A
Z S B S O H M E N T F M I W N
H B E M E H O F O F H O E S U
B W E R A A P T S N N O N N S
Q O M S X T H E Z E E R E U O
S E N A T O T P S B J M L Y S
S A B L U U F O E R T E A S P
M R A T U D R E N H E F G T A
R E T A C E H Y J L S P P Y H
T S M E P U E D C I I X H X R
```

ARES	GALENE	MATTON
ATLAS	HECATE	MENOETIUS
COEUS	HEPHAESTUS	METIS
EILEITHYIA	HERA	NYX
EOS	HERMES	OCEANUS
EPIONE	HYMEN	PERSEPHONE
EROS	HYPNOS	RHAPSO
GAIA	MACARIA	STYX

And uncontrollable laughter broke from the happy gods
as they watched the god of fire breathing hard
and bustling through the halls.

Homer

Things That Flow

```
M H F G W D Q Q G Q Y A E U B
E N I L O S A G B W V V Y W Y
W L C O Y N D E R A S H A U M
E R L C J M E E L I B E E R Q
M B G Y D U A D L T V S H T G
U O L I G A I E A P R E V A E
F M F W S E Z C T C P K R M Y
R S A L A D D R E S S I N G S
E Q I E M M A D L T S A R A E
P M F N N M A Y Y R O M C M R
B A U M N I R O L I V E O I L
S E V A W O W M F C Q U I K K
L R E S E D I T H K D Q S S E
P C M N O L S U P L I Q U I D
F R J W K E H W F E I V O M W
```

BEER
BLOOD
CASCADE
CREAM
EDDY
GASOLINE
GEYSER
GRAVY

JUICE
LAVA
LIQUID
MAGMA
MILK
OLIVE OIL
PERFUME
RIPPLE

RIVER
SALAD
  DRESSING
SMOKE
STEAM
TIDES
TRICKLE
WAVES
WINE

By shallow rivers, to whose falls
Melodious birds sing madrigals.

Christopher Marlowe

Pizza

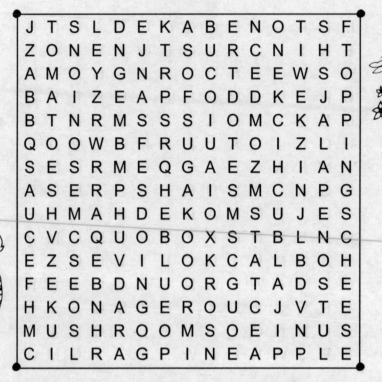

```
J T S L D E K A B E N O T S F
Z O N E N J T S U R C N I H T
A M O Y G N R O C T E E W S O
B A I Z E A P F O D D K E J P
B T N R M S S I O M C K A P P
Q O O W B F R U U T O I Z L I
S E S R M E Q G A E Z H I A N
A S E R P S H A I S M C N P G
U H M A H D E K O M S U J E S
C V C Q U O B O X S T B L N C
E Z S E V I L O K C A L B O H
F E E B D N U O R G T A D S E
H K O N A G E R O U C J V T E
M U S H R O O M S O E I N U S
C I L R A G P I N E A P P L E
```

BACON	GROUND BEEF	SMOKED HAM
BBQ SAUCE	HERBS	SQUID
BLACK OLIVES	JALAPENOS	STONE-BAKED
CAPERS	MUSHROOMS	SWEETCORN
CHEESE	ONIONS	THIN CRUST
CHICKEN	OREGANO	TOMATOES
DOUGH	PINEAPPLE	TOPPINGS
GARLIC	SAUSAGE	TUNA

I love my pizza so much, in fact, that I have
come to believe in my delirium that my
pizza might actually love me, in return.

Elizabeth Gilbert

Harvest Time

```
I O T I Y O L K S R A E P A S
D D L P Y S O U J Q Y S J Q V
O R P S B K C W F R G A O S U
H O Q M I Y A G A K B E X B M
P U E H T I T B U S N P U R K
Q J S K N Q U K V S E A P E F
U R X K X N W X S T D V H H A
G X B S D Q C M P U M L A T N
N S T A O H U C D N S R E O I
I A N A A L S T L E H E F I L
N C Q F P N L Y L O Q P V F F
E K F J O E O P P T Y P R F S
P S B I Y L P S P G U U R D F
I G N I K A M Y A H I S O W N
R O Y A P U P P Y T F P B G A
```

ABUNDANCE	HUSK	POPPY
APPLES	LOAVES	RIPENING
CHAFF	NUTS	RYE
FIELDS	ONIONS	SACKS
FRUIT	PEARS	SUPPER
HAYMAKING	PEAS	THANKFUL
HERBS	PLUMS	TITHE
HOPS	PODS	WAIN

In seed time learn, in harvest teach, in winter enjoy.

William Blake

Wood Types

```
C A R A D N A S A C H A R T K
R E J L M S D X S M H X E A R
E B M Q H W M O R J H E O X P
F O B R I A R W O C D H R R H
N N S C X L A S E W Z C J R Q
P Y K R A L U E U H A Z E L Y
H E K R E I B M M I V R T X Y
R A C M W D J N A M O V B V E
Z H E A A A L R H U L L N E W
E H X C M N S A O M U E I X Z
C N I A U A M L G C I Y T V P
P U P J D R A K A E T N D T E
U L H V E G P Y N B Q E E L F
E F N O I N O S Y O A D A I E
C Y P R E S S Z Y L Z E R O N
```

ALDER	EBONY	OAK
ASH	ELM	OLIVE
BALSA	FIR	SANDARAC
BEECH	GRANADILLA	SPRUCE
BRIAR	HAZEL	TEAK
CHERRY	LARCH	WICKER
CYPRESS	MAHOGANY	YEW
DEAL	MAPLE	ZEBRAWOOD

What fire could ever equal the sunshine of a winter's day.

Henry David Thoreau

Orchestral Instruments

```
I L V M Z E S M P Q M Q W V E
T K V A D W T U Y U H A I I O
E R A T I U G U R C B D Y U B
N C V M J P L D L M E S O A O
I I Y A D A E C I F C L S K T
R U C T B L W R I A O S L E B
A E J N T V A I S M O L P O H
L G C T Y M I T N O E M Y O V
C R E O U U A O N A U R C R C
Y K C O R N E T L R P I T A E
M M D N E D W N T A P M J B L
B U Q T M D E B Z I R N I U E
A L S L L E B R A L U B U T S
L G L O C K E N S P I E L I T
S T R O M B O N E G M W K E A
```

BASSOON	FLUTE	RECORDER
CASTANETS	GLOCKENSPIEL	TAM-TAM
CELESTA	GUITAR	TIMPANI
CELLO	KETTLEDRUM	TROMBONE
CLARINET	LYRE	TRUMPET
CORNET	MARIMBA	TUBA
CYMBALS	OBOE	TUBULAR BELLS
DULCIMER	PIANO	VIOLA

Music is the universal language of mankind—
poetry their universal pastime and delight.

Henry Wadsworth Longfellow

Fruits

```
Y Q A Y N P L Q C A O E N X G
G O U N Y M U D J V G O N M Q
R L L I H C A E P A L U U L C
F O R E N Y Y R G E G L I E E
Y G I F G C U N M L P M A Z N
N A A E M N E B I N E C W V I
F N C J E E A K H O T O P O T
F B K W R N O T U M A V S I N
C E H G A F A Z Q M D H U J E
X R N N M D M T G I Q R E V M
A R A A E F U R D S F U I Z E
H Y N B D F S X A R Y L A E L
N G B N L K T C A E O I K T C
O E E X A F A T T P P A G Z Z
V Q O H R T S I W I K W M W Z
```

AKEE	LIME	PERSIMMON
BANANA	LOGANBERRY	PLUM
CLEMENTINE	MANGO	PRUNE
DATE	MEDLAR	QUINCE
FIG	MELON	SATSUMA
GREENGAGE	OLIVE	STAR FRUIT
KIWI	PEACH	TANGELO
KUMQUAT	PEAR	UGLI

Live in each season as it passes: breathe
the air, drink the drink, taste the fruit.

Henry David Thoreau

Poems

```
K G C G D Q T H E T Y G E R S
F I M Y O J H K E X D K C E M
F P R N P C S D O O H E I M A
H E A V A R U X N S W L V E E
K H Q Q U T E J F I O E D M R
R T T H I N U S D L L R A B D
O V K L Z A E R S V V U M E B
W E O Z N I E E E E E S A R Y
D S T Q L D Y L W R S I Z G H
L V H O N R K A L O N E E L N
E C H O A G X C I B L L P A R
I Y W U S L O U G H E L P R Q
F I N A S S A H U H J F A A Y
L A R T C A Z D J H H A G H X
J I O T I J X H Y P E R I O N
```

ADVICE	HASSAN	SILVER
ALONE	HYPERION	SLOUGH
CYPRESSES	JANUARY	SOLITUDE
DON JUAN	LARA	THE PIG
DREAMS	LEISURE	THE TYGER
ELEGY	MAZEPPA	TO A LADY
FIELD WORK	NATURE	WOLVES
HALLOWEEN	REMEMBER	WONDER

Home is the place where, when you have to go there,
They have to take you in.

Robert Frost

Languages

```
H X E M P T T W H C N E R F B
S E S E U G U T R O P S Q K U
L P I Z Y O H B A M G U A X T
E U S A Z E R I H S I N A P S
W C I C H I C E L A N D I C V
X I N A A T F A I A F A Y I X
K A H T Q C T W D J N V E C B
H M A A I I C A N A B T H U A
S A L L N H N Z I U N T R D T
I R E A I Y O G H A O D B A N
L A S N A Y E R M G U X M D R
G M E L L W C E I R R I J S T
N S A B R I S I U Y L E B T C
E M H O O E C B Z D A B E U H
H D N N A M R E G R E E N K T
```

ARAMAIC	HINDI	SINHALESE
AZERI	ICELANDIC	SPANISH
CATALAN	KANNADA	SUNDA
CHINESE	LATIN	TAMIL
ENGLISH	MALAY	THAI
FRENCH	NORWEGIAN	URDU
GAELIC	ORIYA	VIETNAMESE
GERMAN	PORTUGUESE	WELSH

On that best portion of a good man's life,
His little, nameless, unremembered acts
Of kindness and of love.

William Wordsworth

All Together

```
W G D G T M A R T K B E B A N
X K A A E P A L Q U C C M O S
T U F T L N Y E L E O A I J H
Y K A H I Z U C T L S T P U W
Z W C E P E F D L U A I N E T
Y R O R Z J O E X M H I R T S
L E M D U G C X A S T C H A T
A D P A K T T G R E E S R G R
U U A V G B L E D I A E Z E I
T T N M R A N M H S Y K I R N
U I Y B M T P A E H B O X G G
M T A A R C P U D E Z U E N A
U L E A G H M S W A R M N O N
D U P L Y W J J Y F T Z U C G
P M Q H W R M S F E L D D U H
```

AMALGAMATION	GANG	PARTNERSHIP
BATCH	GATHER	PILE
BUNCH	HEAP	SHEAF
CLUB	HERD	STRING
COLLECT	HUDDLE	SWARM
COMPANY	MULTITUDE	TEAM
CONGREGATE	MUTUAL	TUFT
CREW	PACK	UNITED

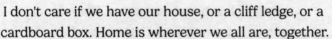

I don't care if we have our house, or a cliff ledge, or a cardboard box. Home is wherever we all are, together.

James Patterson

Adventurous

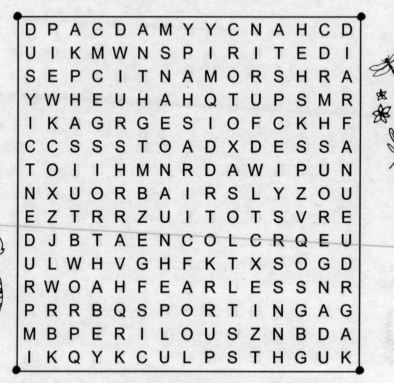

```
D P A C D A M Y Y C N A H C D
U I K M W N S P I R I T E D I
S E P C I T N A M O R S H R A
Y W H E U H A H Q T U P S M R
I K A G R G E S I O F C K H F
C C S S S T O A D X D E S S A
T O I I H M N R D A W I P U N
N X U O R B A I R S L Y Z O U
E Z T R R Z U I T O T S V R E
D J B T A E N C O L C R Q E U
U L W H V G H F K T X S O G D
R W O A H F E A R L E S S N R
P R R B Q S P O R T I N G A G
M B P E R I L O U S Z N B D A
I K Q Y K C U L P S T H G U K
```

BOLD	GUTSY	PLUCKY
BRAVE	HAZARDOUS	RASH
CHANCY	HEADSTRONG	RISKY
COURAGEOUS	HEROIC	ROMANTIC
DANGEROUS	IMPRUDENT	SPIRITED
DARING	INTREPID	SPORTING
FEARLESS	MADCAP	SWASH-BUCKLING
FOOLISH	PERILOUS	UNAFRAID

We live in a wonderful world that is full of beauty, charm and adventure. There is no end to the adventures that we can have if only we seek them with our eyes open.

Jawaharlal Nehru

Clever Things

```
G Z Y L R E T S A M A N R F R
A Y K E S X M L U Y T L I I A
C T Q T H P X D E N R A E L H
C F U U R E S Y L N R N A R J
O A A T E R D W Z A C O U E T
M R L S W T N P C C A I K S X
P C I A D E L O O H C S E I W
L V F Q Y I R L C E N S E W B
I I I F D N D S U X S E N T H
S P E B R E I H A F E F B E L
H Y D B R E L A F S T O S E T
E T I O R D A L R F Q R H R N
D U T H Q Z T D I B F P A T I
C U N N I N G Z Y K J M R S J
T B I N F O R M E D S S P X J
```

ACCOMPLISHED	CUNNING	READY
ADROIT	EXPERT	SCHOOLED
ALERT	INFORMED	SHARP
ARTFUL	KEEN	SHREWD
ASTUTE	LEARNED	SKILLED
BRAINY	MASTERLY	SMART
CANNY	PROFESSIONAL	STREETWISE
CRAFTY	QUALIFIED	TUTORED

Be as smart as you can, but remember that it is
always better to be wise than to be smart.

Alan Alda

Talk

```
R E T T U N R P K R V D W W E
L C G K Z A C J G L O R I O Z
E O N J N T E L T T A T T J A
C M N T T P V Q C B I T T R D
N M Y H J R P K V V G N E V D
U U F A S A O O R P G T R Y R
O N R D T T N P Y A T F E W E
N I D A Y E T K E A M U T O S
O C D E E S I C N R G E R J S
R A E L L T F I O R P A R H J
P T L P R A I G A M T R D A S
C E I T A T C C U E M L I D M
T P V O P E A R E Y U E Z V J
B P E L F F T D D R D C N A Y
I Q R K L J E Q T O N I W T X
```

ADDRESS	PARLEY	REPORT
ARGUE	PLEAD	STATE
COMMENT	PONTIFICATE	TALK
COMMUNICATE	PRATE	TATTLE
DELIVER	PRONOUNCE	TELL
JAW	RANT	TRUMPET
NATTER	RECITE	UTTER
ORATE	REMARK	WITTER

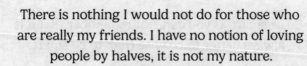

There is nothing I would not do for those who are really my friends. I have no notion of loving people by halves, it is not my nature.

Jane Austen

```
C K I S B G L U F I T U A E B
I Q I M T G E A F L Q P I Y A
G V O S L R I R L R P O Z N S
A C R Y S R A W L L Z E U A H
M E A Y Y W J W E R E H Y Y F
N Y T T D C H N P N A D E P U
B H A I Q M W Z S P C P P E L
R L U U H R O S P Z O R O L M
E N S N M W E Y Y D I Z Y D S
O N C U T R W P U N L E O E C
V T T O I S M O C Q N C S E A
N E V E S U M E N S U L S N S
C G H A R P K A I S J E T A T
D U N G E O N D N X L A E Y L
Y R D Q Z S Z E W U F E L N E
```

APPLE	DUNGEON	MAGIC
BASHFUL	DWARF	NEEDLE
BEAUTIFUL	FAIRY TALE	PRINCE
CASTLE	GRUMPY	QUEEN
COMB	HAPPY	SEVEN
DISNEY	HEIRESS	SNEEZY
DOC	HUNTSMAN	SNOW WHITE
DOPEY	KISS	SPELL

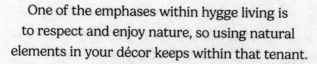

One of the emphases within hygge living is
to respect and enjoy nature, so using natural
elements in your décor keeps within that tenant.

Barbara Hayden

Bread

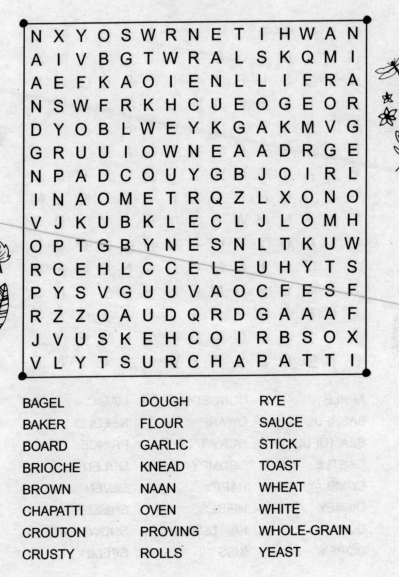

```
N X Y O S W R N E T I H W A N
A I V B G T W R A L S K Q M I
A E F K A O I E N L L I F R A
N S W F R K H C U E O G E O R
D Y O B L W E Y K G A K M V G
G R U U I O W N E A A D R G E
N P A D C O U Y G B J O I R L
I N A O M E T R Q Z L X O N O
V J K U B K L E C L J L O M H
O P T G B Y N E S N L T K U W
R C E H L C C E L E U H Y T S
P Y S V G U U V A O C F E S F
R Z Z O A U D Q R D G A A A F
J V U S K E H C O I R B S O X
V L Y T S U R C H A P A T T I
```

BAGEL	DOUGH	RYE
BAKER	FLOUR	SAUCE
BOARD	GARLIC	STICK
BRIOCHE	KNEAD	TOAST
BROWN	NAAN	WHEAT
CHAPATTI	OVEN	WHITE
CROUTON	PROVING	WHOLE-GRAIN
CRUSTY	ROLLS	YEAST

Good bread is the most fundamentally
satisfying of all foods; and good bread with
fresh butter, the greatest of feasts.

James Beard

Soft Words

```
D C F S S W S R C X Y L I G F
L T A K A V W T U U Z H N R W
I N C B R E G S S C R I D K I
M E I J B X U B H O H X U I S
O I L G Y A L J Y T O J L N D
L N E N M A C L O U D S G D U
U E D I N S U O I D O L E M S
F L E D M I S T Y Y Y A N H P
I D R L B G M F F N L N T N A
C E E E D I F F U S E D W W O
R G P I B F U H E H I K F O S
E B M Y M L A B Y C E E L F D
M S E R F A W H I S P E R I U
Y E T U L O S E R R I Y F O S
E L B A I L P J S X G A J K U
```

BALMY	FLUFFY	MISTY
BLAND	INDULGENT	PLIABLE
CLOUDS	IRRESOLUTE	SILKEN
CUSHY	KIND	SOAPSUDS
DIFFUSED	LENIENT	SOOTHING
DOWNY	MELODIOUS	TEMPERED
FACILE	MERCIFUL	WHISPER
FLEECY	MILD	YIELDING

Just because an animal is large, it doesn't mean he
doesn't want kindness; however big Tigger seems to
be, remember that he wants as much kindness as Roo.

A.A. Milne ("The House at Pooh Corner")

Dickens Characters

```
W E T F H M A R K H A M F G Z
K T L H X M T E Z D C Y Q B J
F P T L F Y E L R A M R S X O
T A M O E L O B G Q N T E L H
T H G S C B O S T Y Z K D P N
O I L I N S V P B S K C T N W
P C H A N W M S S E E O J Y I
P A N C K S G O N O O D L E L
F C S M T A I G T T N L E L L
Y W G R N A E A S X I W W E
M I S S B A R B A R A N S A T
O Y E L M T A C K L E T O N H
L G S U A I J A B V I J M S A
E L D R A W K S H O G M E F H
E Z A K P P F E G Q B T E S T
```

BELLE	MARKHAM	SMIKE
BOB CRATCHIT	MARLEY	SNAGSBY
CODLIN	MISS BARBARA	SNAWLEY
FAGIN	MR SLURK	TACKLETON
FLOPSON	NANCY	TARTAR
JOHN WILLET	PANCKS	TOM SCOTT
KENGE	PERCH	TOOTS
LEWSOME	POTT	WARDLE

It was one of those March days when the sun shines hot and the wind blows cold: when it is summer in the light, and winter in the shade.

Charles Dickens

Picnic Basket

```
A Y E S I A N N O Y A M C B P
J W E N I W F R E B M U C U C
K E H W L S E V I N K T A N O
Q R R A F W T P A T E E N S L
H C X B R L O O Q M T Q Z S I
T S X S L D A B M A U F O U V
O K F B W A B S G A R G L K E
L R P L A F Y O K U T W S P S
C O N S T R N T I P E O Y U E
B C R P E P Q T N L S O E L G
F F W P R S T E D A E R B S N
K D P H Z L S M X T E D F Q A
W E V I A V S A W E H P E C R
P W A S Q G A K L I C J U G O
H G Z U A L Y P Q G S O V C G
```

BOWL
BREAD
BUNS
CHEESE
CLOTH
CORKSCREW
CUCUMBER
FLASK

FRUIT
GATEAU
GLASSES
HARD-BOILED
    EGG
KNIVES
MAYONNAISE
MUGS
OLIVES

ORANGE
PATE
PEPPER
PLATE
SALT
TOMATOES
WATER
WINE

Hygge describes a way of being that introduces
humanity and warmth in our homes,
schools, workplaces, cities and nations.

Louisa Thomsen Brits

Cakes

```
R E T A L O C O H C O F F A E
E P O R E O Y D P O U N D S O
N W D E D J F R H B D R E B C
A E L Y S A F F R O N N N R U
R D M A R B L E O E O X E O W
I D W L Y F E F X C H A G W U
E I T I R A S I S W M C N N L
D N E U N L D C R G M R A I C
A G I L I I S H A E M A R E U
M T L V U Q F T T R G S O S R
G R E T S A E F M R R N V F R
A D M Z F A C J U O I O I E A
T A E R U T X I M M C B T G N
E G O L E L U Y R A D H E V T
A Y G R U B N E T T A B A X U
```

BATTENBURG	DEVIL'S FOOD	MOCHA
BIRTHDAY	EASTER	MUFFIN
BROWNIES	FRUIT	ORANGE
CARROT	GINGER	POUND
CHERRY	LAYER	SAFFRON
CHOCOLATE	MADEIRA	SCONES
CREAM GATEAU	MARBLE	WEDDING
CURRANT	MIXTURE	YULE LOG

"My favourite food is cake"
"What kind of cake?"
"It doesn't matter. All cake."

Jenny Han

Shades of Blue

```
S Y T D K N A I S S U R P I M
S T I O L V E N I L U Z A L T
D T F E E L E C T R I C A G O
E D F U E A U G E J E Y L Y G
N I A E T L G V C C O A T E I
I Z N E S I O U Q R U T E L D
M G Y C G C C P G C P G H E N
D C Y Y R E H I O U Y G A W I
N A Z U R E F U R P L R S N N
N G R E L B S P T I O R J K B
T U A K E Y L I G E X S C D Y
Q E W Z H E A H N E F E V P Y
Z V A Y J N T Q H O O V U B F
G C B L M Q L I T R R G A R B
U M H Q Y V A N J T D B D Z T
```

ALICE	GLAUCOUS	ROYAL
AZURE	INDIGO	SKY
BABY	LAZULINE	STEEL
CYAN	LIGHT	TEAL
DARK	NAVY	TIFFANY
DENIM	OXFORD	TRUE
EGYPTIAN	PRUSSIAN	TUFTS
ELECTRIC	PURPLE	TURQUOISE

In emerald tufts, flowers purple, blue, and white;
Like sapphire, pearl and rich embroidery.

William Shakespeare

Summer

```
N P H L J Z E D I S A E S A P
I R Q I U X C P O L A N S O M
A O O H N R U I U W U L S I R
H N F S E I J R X J A T A E S
C G S G E S U T R P C Y W D A
Y E A S G S Z Y L A L O Q C N
S L V R N U E A R U M B L V D
I N Y G I R Y D J N E P O T N
A K J H N F S J W A U V S V A
D T E N N I S A C M U Q A U T
T A C O A N L H C S H O R T S
T T N E T G N T S U G U A G D
P B A D X N V X N B Z N P U N
T B Y A C I Y B T R O P R I A
S P S A W M J X O S Y C J I B
```

AIRPORT	JUNE	SAND
AUGUST	LAGER	SEASIDE
BANDSTAND	LAWNMOWER	SHORTS
BEACH	PARASOL	SURFING
DAISY CHAIN	PLAY	TANNING
DAY TRIP	POSTCARD	TENNIS
HEAT	ROSES	TENT
JULY	SALAD	WASPS

My old grandmother always used to say, summer
friends will melt away like summer snows,
but winter friends are friends forever.

George R.R. Martin

```
D O E D I I S F E I P H I D
N A E W I R N M X O R M Q N Y
T H Y J D K G N I R P S F F O
D E N R A G A M U F F I N A V
U A H T O T Y N I T G L F N Q
Y O U N G O N E P O A X G T S
B P M G U B H H K D B A B Y T
T U U T H E N X D D C Y A L U
E P H J W T H I T L N N M U D
E I N O S P E T S E Y L B R E
N L F X C H I R G R B A I O N
A C H I L D A O U E A C N N T
G E Y C L V R V C R I S O I K
E R A N T P H R E K R A Q M Q
R C H E R U B S N R N R V Q T
```

BABY	LADDIE	STEPSON
BAIRN	MINOR	STUDENT
BAMBINO	OFFSPRING	TEENAGER
CHERUB	PROGENY	TINY TOT
CHILD	PUPIL	TODDLER
DAUGHTER	RAGAMUFFIN	WEAN
INFANT	RASCAL	YOUNG ONE
KID	SHAVER	YOUTH

Study and in general the pursuit of truth and beauty is a sphere of activity in which we are permitted to remain children all our lives.

Albert Einstein

Literature Types

```
H P T E S O R P F A Y Y O G Q
E I I R Y A P T P M H N L E Q
L M S L A D T P E A P J R D N
D S I T A G O I B R A L C I G
G S N R O M E R R D R W R U M
H C A E C R P D A E G S M G R
K J Q I R J I O Y P O R F L C
C N P L W D I C O F I C I E G
D E Z I J G L L A N B T C V E
M G C A P Y E I E L S R C A L
N N G W D M T S H O D I E R T
Z A N E I E R R P C H S X T S
S I M C F E H C I T S A P Z I
G O Y O V M N L O A Y P L U P
C X V L R B G G Y K D W Z G E
```

BIOGRAPHY	GOTHIC	PULP
CHILDREN'S	HISTORICAL	ROMAN
COMEDY	LAMPOON	SAGA
CRIME	PARODY	SATIRE
DRAMA	PASTICHE	TRAGEDY
EPIC	POLEMIC	TRAVEL GUIDE
EPISTLE	POSTIL	TRIAD
ESSAY	PROSE	VERSE

You ever smell new books? Binding, pages,
print. Like fresh bread when you're hungry.

Ray Bradbury

Wild Flowers

```
P X T H H S S X M U M O H D A
J O Y S I A D U W Y I A C M F
W N H R Y S R C P K R O T C A
M C I E S A V G T T J Y E Y R
G Q S A M O F P X K R B V E B
I O Q K V P R L E N G I P S J
E H T F G R T R X U O P N O B
A N E M O N E U E L I Y P R E
H E A T H E R V E L F O M R T
G N S B M B Q T S L P W Z A O
S A E Y N L D S A P O S K S N
Y C L E L E Y X Y V U R E H Y
W L Z F X D H L L E B E U L B
S X I T A T D E I E G Q T S O
W J E L T S I H T Q H W F D H
```

ANEMONE	HEMP	RUSH
ARUM	HENBANE	SORREL
BETONY	HOP	SPIGNEL
BLUEBELL	IRIS	TEASEL
DAISY	LADY'S SLIPPER	THISTLE
FLAG	LILY	VERVAIN
FLAX	POPPY	VETCH
HEATHER	ROSE	VIOLET

Oh! roses and lilies are fair to see;
But the wild bluebell is the flower for me.

Louisa A. Meredith

Dragons in Myth and Story

```
N M J Y G L A U R U N G J O D
H L M Y N Q O A R I H P A S Y
A Z T B U N L G C W K M Y X N
K N E N K Z A R I H T E S G A
U U C F E N I D H O G G T R K
R Q A A C Q H O C A R D I R
Y M P W L F I G T T Z M H S A
U C A A K A N F W N N O T U S
U H L N A U G I E G A A M G K
X L A U R H L O R L M R L O O
W H L K D S O J N A A L A I K
S A A A M U N M I U A M U F Z
B V W B M M G T Q D I I L D A
Z E S E F A L K O R I E J B C
S Q C P L K W N U A L T A K W
```

ANCALAGON	FARANTH	NIDHOGG
APALALA	GLAURUNG	QINGLONG
BAKUNAWA	GRISU	SAPHIRA
DANNY	HAKURYUU	SARKANY
DRACO	KATLA	TIAMAT
DULCY	LADON	WAWEL
FAFNIR	MALEFICENT	ZILANT
FALKOR	MUSHU	ZOMOK

All that is gold does not glitter, not all those who
wander are lost; the old that is strong does not
wither, deep roots are not reached by the frost.

J.R.R. Tolkien

```
N Q K X G E V I S E H D A O R
G S D S L I A N U J L B Q E L
I T R W O E G L J M M J M E S
S R A G S N G H H X Z I F U T
E I O B S I T R E S R K G L E
D P B M H T E Y N P I G Y N P
J P G E S N P A I N T N O Z L
A E N B I E L U L L I I I L A
O R I A N P H C B V S G Q F D
F W T R T R Q S M L A N Y S D
I S R O E U Q B U T P A S T E
L U I U R T U M L R F H Y R R
L J K G I Y E A P K B F B Z Y
E J S K O H V V D B E D B F C
R B D H R F I M T A O C P O T
```

ADHESIVE	HANGING	RAGS
BRUSHES	INTERIOR	SKIRTING
DESIGN	NAILS	BOARD
EMULSION	PAINT	STAINER
FILLER	PASTE	STEPLADDER
FINISH	PLANS	STRIPPER
GLOSS	PLUMB LINE	TOPCOAT
GLUE	PRIMER	TURPENTINE
		VINYL

Have nothing in your home that you don't
know to be useful or believe to be beautiful.

William Morris

Things With Wings

```
S X G F Y U U W A A X Q J G M
U T G P M Y F S T O R K G X N
J E R I R O A Q U X O F R D O
I A D I D R A G O N F L Y P T
H G A E U E M L P I B E P V A
E F N N C I V M W H B K H G N
O N G A U T K D O P E C O O G
G I E L C K V K C S E P N O S
W H L P C D F X V V Q G V S O
Y E C L B Y I K G W C U G E R
W B D I B U W P T O B T I L E
G A R A R A R B U R A M O T H
B D S S H T R E P C T O I E O
S K L P I D S A H T K R T E Z
G P T H G I L O R C I M B B E
```

ANGEL	EROS	MIDGE
BAT	FAIRY	MOSQUITO
BEETLE	GNAT	MOTH
BIRDS	GOOSE	OSTRICH
CHERUB	GRYPHON	SAILPLANE
CROW	HARPY	SPHINX
CUPID	HAWK	STORK
DRAGONFLY	MICROLIGHT	WASP

In order to see birds, it is necessary to
become a part of the silence.

Robert Wilson Lynd

```
B B U Y A L P H A B E T M F N
E N R P B M M F Q G N M P O R
L J E P I N S R A P B E T O I
T M C K C A R R O T A N S E E
R U E T C P P L J A O D L N O
U S I T X I I A N W N M C O E
T H K P Y T H D S I H E A R M
N R E O N L H C W T C B P T M
E O E E T A Y N D D A B Q S O
E O L D M A W M Z T N O Y E S
R M A B R O T H K F I R O N N
G B K Z R K C O T S P S N I O
A E C B K Q X T P Q S C I M C
W E O X T A I L G L U H O C G
Z F C H O W D E R N E T N K M
```

ALPHABET	COCK-A-LEEKIE	PARSNIP
BEEF	CONSOMME	PASTA
BORSCHT	GREEN TURTLE	PEA AND HAM
BROTH	LENTIL	POTATO
BROWN WINDSOR	MINESTRONE	SPINACH
	MUSHROOM	STOCK
CARROT	ONION	TOMATO
CHICKEN	OXTAIL	WONTON
CHOWDER		

The lore has not died out of the world, and
you will still find people who believe that
soup will cure any hurt or illness.

John Steinbeck

On Vacation

```
H O L D B I X E T J X Z F P I
C U E A C M N D N R E Z L T X
A T T V A V D I E L O S J Q A
O Y O T M Q W U G P R P X B T
C Y H U E K E G A Y O V R H A
R V U I R M J C L E M P C I P
M I R B A O K Y E O E A V R A
G E P Q Y I P R V G E I P Y R
R W L I N R F E A B S C E S T
O S T G R Y E G R I I N Q H M
U U M D T T G N T A R O T Y E
P L T U M U Y O E U T C F E N
N Q D I L U R A O C X O K P T
B I K I N I N J D C S S R N I
K R R V G G B E S A C T I U S
```

AIRPORT	GROUP	SCENERY
APARTMENT	GUIDE	SUITCASE
BEACH	HOTEL	TAXI
BIKINI	JOURNEY	TOUR OPERATOR
CAMERA	LUGGAGE	TRAVEL AGENT
COACH	MAPS	VIEWS
DAY TRIP	OUTING	VISITOR
DUTY-FREE	PACKING	VOYAGE

Maybe that's the best part of going away
for a vacation—coming home again.

Madeleine L'Engle

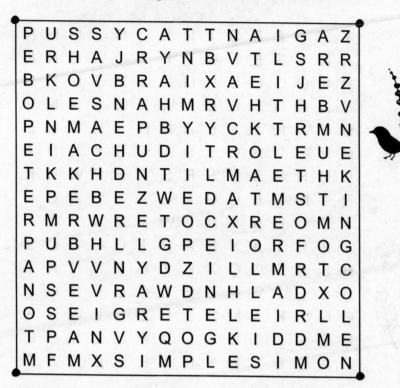

```
P U S S Y C A T T N A I G A Z
E R H A J R Y N B V T L S R R
B K O V B R A I X A E I J E Z
O L E S N A H M R V H T H B V
P N M A E P B Y Y C K T R M N
E I A C H U D I T R O L E U E
T K K H D N T I L M A E T H K
E P E B E Z W E D A T M S T I
R M R W R E T O C X R E O M N
P U B H L L G P E I O R F O G
A P V V N Y D Z I L L M R T C
N S E V R A W D N H L A D X O
O S E I G R E T E L E I R L L
T P A N V Y Q O G K I D D M E
M F M X S I M P L E S I M O N
```

ALI BABA	GRETEL	RAPUNZEL
ALICE	HANSEL	RED HEN
DR FOSTER	KING COLE	SHOEMAKER
DWARVES	LITTLE MERMAID	SIMPLE SIMON
ELVES	MARY MARY	TOM THUMB
FAIRY GODMOTHER	PETER PAN	TROLL
GENIE	PUMPKIN	WENDY
GIANT	PUSSY CAT	WITCH

No act of kindness, no matter how small, is ever wasted.

Aesop

Wake Up

```
Y I U F E S I R N U S Z O H R
A R I S E F O F F T O W O R K
H E G G D S L G U S P T G E B
S X C N F R E A W A K E N N R
U E N R I S E A N D S H I N E
R R C L R H T S W N B X N B A
B C H O S E S R S A E P W B K
R I M O F C G A E I A L A C F
I S U U N F R L W T N K Y O A
A E E T A Y E A R T C G S C S
H S S N O O Z E T E T H H K T
D S L I P P E R S C E V O C Y
G N I K A M D E B E H L W R S
B O R E T E A C U P E L E O E
P A D E Y E Y R A E L B R W S
```

ARISE	DRESSING	SHOWER
AWAKEN	EXERCISES	SLIPPERS
BED-MAKING	FLANNEL	SNOOZE
BLEARY-EYED	HAIRBRUSH	STRETCH
BREAKFAST	MUESLI	SUNRISE
CEREAL	OFF TO WORK	TEACUP
COCK-CROW	RISE AND SHINE	WASHING
COFFEE	SCRATCH	YAWNING

How we spend our days is, of course,
how we spend our lives.

Annie Dillard

```
A E I F L K T G J E F M V E A
G N O O T N O P M I S S T O P
S E V E N S N K S T T N E J N
S P I T I N T H E O C E A N I
E C N R T A K S C C K I S P N
U A G O I A C E O D A R F O E
R R T K L O N D I K E R R T C
U L E R W M N R S D G A T H A
M T T S K B Z T D W F B O E R
M O U S B R R O E O U K F S D
Y N N E O E G U K E N E J T B
C D Z M E L C G T U G O X A R
E P R T B H O F B E A U M R A
K S S W R Z D T X S J A O E G
E C O E B M D B R I D G E R D
```

BRIDGE
BUNKO
CARLTON
DEMON
ECARTE
EUCHRE
FARO
FISH

KLONDIKE
NINE-CARD
    BRAG
OMBRE
PONTOON
RED DOG
ROUGE-ET-NOIR
RUMMY
SEVENS

SKAT
SNAP
SOLO
SPIT IN THE
    OCEAN
STOP
STREETS
THE STAR
VINGT-ET-UN

One should always play fairly when
one has the winning cards.

Oscar Wilde

Cards

```
Q S V N H G O T Z K A Y J Y T
T W I T X N H R N Y E A P V X
I Q I J E I B A C A Q N Q C S
D M E L W Y B D E D R N O C Y
E T O A D A D I Q H X Y O H M
R D G M Y L C N G T V R N G P
C G O E J P W G N R E U N D A
G M R N W E L D I I G I F T T
H W C E O C F O D B L R V H H
E L I F E R S A R L K T P C Y
W P M U R T T H A N K Y O U S
J X N P A L I C O E Q U L G A
C J O R B N B N B V R A B L Q
P S O Z N E E R G T P T N C V
T T B A K P D U C S P U N C H
```

BANK	FILE	SCORE
BIRTHDAY	GIFT	SYMPATHY
BOARDING	GREEN	TAROT
CALLING	GREETINGS	THANK YOU
COURT	PHONE	TIME
CREDIT	PLAYING	TRADING
DEBIT	POST	TRUMP
DONOR	PUNCH	WILD

Hygge is all about appreciating the little
things in life and being thankful for them.

Sofie Pedersen

Shades of Yellow

```
U K B X Q Z R B L E H A N S A
S U N S E T U V E S Z A Q L P
N Q S Z Y R Z M C M L I R I R
Y I B S V L O H T L U I A N I
S T R A W R O N I B F A O M C
D I S P H O L N A U M R U Q O
N R O C L O A I L P F X T X T
Y I A B W V D V U F L A X A P
C L U T B J O A A Q W E R S B
G S P K S U C S K N N Y S G N
O O X L S U I A Y I L O F V E
L X Y E D Q M M N I M A J K B
D A T M I L G B D A H B Q F Z
E B R O N Z E E K D R P A N V
N B A N A N A R Q F X Y D V O
```

AMBER	FLAX	MUSTARD
APRICOT	FULVOUS	NAPLES
ARYLIDE	GOLDEN	SAFFRON
BANANA	HANSA	SCHOOL BUS
BRONZE	JONQUIL	STRAW
CANARY	LEMON	SUNSET
CHROME	MAIZE	TAWNY
CORN	MIKADO	VANILLA

See the gold sunshine patching,
And streaming and streaking across
The gray-green oaks; and catching,
By its soft brown beard, the moss.

Philip James Bailey

Vegetables

```
N Y R N E N R A H S F Q X E R
R D I W O E C H I V E S L Z F
L S Y I P Q F C X T A C G I E
D A N A Y C L A A E U O I A N
M O C O T A T O P R U R V M N
D O D A D L R V A R R Z N O E
Q O R Z C A Y E D R Z O S I L
G K U H D B P U L S E N T F P
O K A I J R U Y N A Q E I X P
I R S N T E S A N L K R X B D
D H C R E S S V I G W A B U A
S C C D A E N T R M L S O C D
L H A V J I N A E B D A O R B
C U O X J E L N E C U T T E L
Q Y G J L G M L Q I C J K M C
```

ADZUKI	FENNEL	PEAS
BROAD BEAN	GOURD	POTATO
CALABRESE	KALE	PULSE
CAPER	LENTIL	RADISH
CARROT	LETTUCE	SAVOY
CHARD	MAIZE	SCORZONERA
CHIVES	OKRA	TURNIP
CRESS	ONION	YAM

Cauliflower is nothing but cabbage
with a college education.

Mark Twain

Ski Resorts

```
J Z P U M O K Y F V A D L T S
U N F L O S O L I T U D E D O
R S I S C H G L L J U K J N V
K A I H O C S A A S F E E A A
K R U T O L G O S A U C A R D
N A A R O B L X E W T N Q B N
H L P N I E T S A G D A B D V
A C J R J S A S P E N D T C W
Q G E S U S J D R K Q N F D A
K K R L U N K M H Z H U I L I
J A U S N H A A J K I S T E D
V B F H L T V C G F Z N S F R
N F Q H T G B H H O K A U E I
L W X C Z A I O M B R O E E N
N X E L G F I Y A N F A N S G
```

ALTA	IGLS	RAURIS
ANDERMATT	ISCHGL	SAAS FEE
ASPEN	KAPRUN	SEEFELD
BAD GASTEIN	KRANJSKA GORA	SOLITUDE
BOHINJ	KUHTAI	SOLL
BRAND	LECH	SUNDANCE
DAVOS	NEUSTIFT	VARS
GOSAU	OTIS	WAIDRING

I think the most important thing in skiing is
you have to be having fun. If you're having fun,
then everything else will come easy to you.

Lindsey Vonn

Nuts and Seeds

```
W A L N L T V I L B A R M P N
E R A S Y L U R E K N O C I F
K D R P L H I N A T R D M A E
O N P O E E V D L C B U U T N
G O D K T Y I T O E C T P R N
P M T J E A R B P N Z K N E E
I L I U B P N E L I Z A R B L
C A M H N U L I L H C N H L T
O O S I T A R E S E K N Y I U
C B L C E U E F P E C A S E N
O N I K P M U P S A W T E E T
N N F O R E E G S A F T S V S
U E P R S T R H R L L O A W E
T N F Y G K E A V E A L M T H
T U N L A W C G A R X E E M C
```

ALMOND	CHESTNUT	HAZELNUT
ANISE	COBNUT	HICKORY
ANNATTO	COCONUT	PEANUT
BETEL	CONKER	PECAN
BRAZIL	CUMIN	POPPY
CARAWAY	DILL	PUMPKIN
CASHEW	FENNEL	SESAME
CELERY	FLAX	WALNUT

Tall oaks from little acorns grow.

David Everett

```
N T U I V D E L C O R F V S V
A C E I F V R N I D E X P Q F
X N U S M K U E E B E I X I P
Z Y I U N A A N N M E A F I I
Z U T R G U C T V E K R F W A
Z S T X B G S H Y R G L T K V
U Z I K C I I E E M Z A A Y H
W R A A Q N L R K N D N W E S
S Z M J M G S I E O E M L Q O
V E I K A E V P V G O S M F T
O I J G N R K M L T T T X C N
I Z U M T G C E H A O O K O I
I S F W E O J E R V R P J O C
Q D Q D T L R V N O C A E B M
T T T V V D O C F P M Z E X W
```

AKANE	EMPIRE	MANTET
ALKMENE	ENVY	MCINTOSH
BEACON	FUJI	MOTHER
BRINA	GINGER GOLD	MUTSU
CAMEO	JAZZ	PIXIE
COX'S	KATY	SUNSET
DELCORF	LIBERTY	TOPAZ
ELSTAR	MACHEN	WAGENER

A plate of apples, an open fire, and a jolly good
book are a fair substitute for heaven.

L.M. Montgomery

Ice Cream

```
E J O N A C E P R E T T U B Z
N M U G E L B B U B U U V E T
E R O C K Y R O A D N N A R Z
T S I N O M U P S N O A N F B
A N A N A B S Q E M C E I S L
L J G S E P E A C H O P L T A
O Y N S N E P Y T K C Y L R C
C R F K I O S O T T R R A A K
O R W I L D C H E R R Y R W B
H E Y I A I G B O E N A T B E
C B T J R W R G Y O M O B E R
N A L P P E N E M E F Q F R R
N E A A H A Q E L F W F H R Y
J T I S M T L S E H O Y A Y H
R L C L O T T E D C R E A M V
```

APRICOT	COCONUT	ROCKY ROAD
BANANA	COFFEE	SHERBET
BLACKBERRY	LEMON	SPUMONI
BUBBLEGUM	MANGO	STRAWBERRY
BUTTER PECAN	NEAPOLITAN	TEABERRY
CARAMEL	PEACH	TOFFEE
CHOCOLATE	PEANUT	VANILLA
CLOTTED CREAM	PRALINE	WILD CHERRY

It is always sad when someone leaves home, unless
they are simply going around the corner and will
return in a few minutes with ice-cream sandwiches.

Lemony Snicket

Shades of Red

```
L M B F M O T G K J Y W E B A
N A I D N I S L N S M F R V I
R R E O E T A C O E A T U E S
U O R E J N F R Z U G C D N H
B O A L I Z A R I N E E D E C
U N L D O L Y N S N N R Y T U
A W R I Y B U D S X T I F I F
S A C R I M S O N U A S R A J
C O B H P I J T H U O E X N F
A G L R E T B H E J G V R O Q
R N O K Y B U R L R Y R L F Y
L O O C J B F L A M E L U U N
E C D I C H E R R Y Y G G B F
T F I R E E N G I N E I L F A
Z V A B L B S S F B Z A T O A
```

ALIZARINE	CONGO	LOBSTER
AUBURN	CRIMSON	MAGENTA
BLOOD	FIRE ENGINE	MAROON
BRICK	FLAME	ROSY
BURGUNDY	FOLLY	RUBY
CARDINAL	FUCHSIA	RUDDY
CERISE	FULVOUS	SCARLET
CHERRY	INDIAN	VENETIAN

Oh, my Luve is like a red, red rose,
That's newly sprung in June.
O, my Luve is like the melodie,
That's sweetly played in tune.

Robert Burns

Buying a Home

```
R R B K W N T I S O P E D K L
O Y U R N D E E D S F N L G W
T I N U P A I D O E E O O K K
I E G O Z P B J R P G I S I S
C W A T Q P R V N A A T E T Q
I E L A S K C I U Q G C A C Q
L W O Q J E D R C E T E R H D
O D W U S A O B X E R P C E E
S F U U X D Z C O H O S H N T
Q U O G N V H I S I M N Z N A
R H R E F A C I L I T I E S V
T V V V N M O V I N G G V B O
I I T G E P U R C H A S E R N
H F E O F Y S A O W P I L G E
A E F T C A R T N O C G P J R
```

AGENT	GARDEN	QUICK SALE
BANK	HOUSE	RENOVATED
BUNGALOW	INSPECTION	SEARCH
CONTRACT	KITCHEN	SOLD
DEEDS	MORTGAGE	SOLICITOR
DEPOSIT	MOVING	SURVEY
EXCHANGE	PRICE	TOUR
FACILITIES	PURCHASER	VENDOR

Be grateful for the home you have, knowing that
at this moment, all you have is all you need.

Sarah Ban Breathnach

Orchestra Conductors

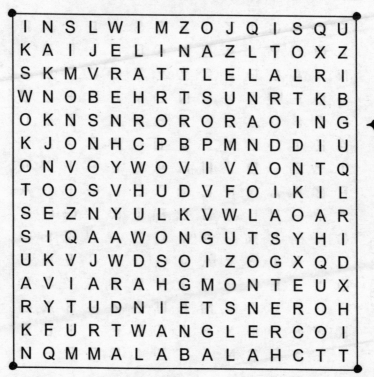

```
I N S L W I M Z O J Q I S Q U
K A I J E L I N A Z L T O X Z
S K M V R A T T L E L A L R I
W N O B E H R T S U N R T K B
O K N S N R O R O R A O I N G
K J O N H C P B P M N D D I U
O N V O Y W O V I V A O N T Q
T O O S V H U D V F O I K I L
S E Z N Y U L K V W L A O A R
S I Q A A W O N G U T S Y H I
U K V J W D S O I Z O G X Q D
A V I A R A H G M O N T E U X
R Y T U D N I E T S N E R O H
K F U R T W A N G L E R C O I
N Q M M A L A B A L A H C T T
```

ALSOP	HAITINK	MOTTL
BOULT	HOGWOOD	MUTI
CHALABALA	HORENSTEIN	OZAWA
DANON	JANSONS	PREVIN
DAVIS	KATZ	RATTLE
DORATI	KRAUSS	SIMONOV
FURTWANGLER	MITROPOULOS	SOLTI
GIULINI	MONTEUX	STOKOWSKI

Music, when soft voices die,
Vibrates in the memory —

Percy Bysshe Shelley

Cats in the Wild

```
S D P G T X T A C S A L L A P
A O K P J A N M A R B L E D X
N K A G D L C Y Y T D P F D U
D D F W K X B N L Y A H R Z U
C O F U J O K Y E N X P E D L
A K I D B X P V T D W S G E D
T T R C D J H H A F L F I T R
R B A A R K E O C E L O T O A
A T G H U R B L E T K L G O P
G N M A R G A Y L O A A K F O
U O A T H V A V G O X C B K E
O I J E R H O J N B Z A Y C L
C L U E P U M A U G Z R S A Q
K W S H D X B I J Z L A R L B
T T A C G N I H S I F C E B M
```

BAY CAT	JAGUAR	MARGAY
BLACK-FOOTED	JUNGLE CAT	OCELOT
BOBCAT	KAFFIR	PALLAS CAT
CARACAL	KODKOD	PANTHER
CHEETAH	LEOPARD	PUMA
COUGAR	LION	SAND CAT
FISHING CAT	LYNX	SERVAL
GOLDEN CAT	MARBLED	TIGER

I think all cats are wild. They only act tame
if there's a saucer of milk in it for them.

Douglas Adams

Exciting Words

```
Y K I N D L E Q F O F V E O N
E E S A E T A L L I T I T K F
I T S M L V U M G T F K R W E
R W A I Y S O N C U C N H E N
F B Y C H T I M R R N E Y O L
Y R K A I T I H M M T K P Z I
R I A V E X K N G O N A L W V
X I A R N W O S G I C W F T E
D T F S I F R T O L U H E E N
E S U N E N E R N Y E S K W D
H H D V E V G W H I P U P O G
Y U L K N M O T G U Z R R O O
P A A I L N U K O H Q P A B T
F H W A L C S Z E G J D M S J
S E H S R I N V I G O R A T E
```

COMMOVE	INVIGORATE	TINGLE
ENLIVEN	KINDLE	TITILLATE
EVOKE	MOTIVATE	TURMOIL
FIRE	PROD	UPSET
FLUSH	RARING TO GO	WAKEN
GOAD	SHAKE	WHET
IGNITE	SWAY	WHIP UP
INTOXICATE	TEASE	WIND UP

We are now in the mountains and they are in us, kindling enthusiasm, making every nerve quiver, filling every pore and cell of us.

John Muir

Toys and Playthings

```
G T S T A R Y H R Q U M C A W
Y H C E T Z U H F U R B Y L U
E C L L A B E S A B Y E L Y F
T A M S N L L A B T O O F N I
T Y W L I Y J U E A D Z Y W S
E M A E P E B D A G L U E O K
S E M D S B D Z A T B Z L I C
G E T G L Y K R M G R Z T S O
N B Q E B V N S N E I E T L L
I S S E P O E I B C C Y A I B
D I A T O P W D X A K C R D A
L R Z L H S U X W Y S A A E K
I F L O K E B P Q F H G R N S
U A R E T P O C I L E H R B O
B A S T L I T S C O O T E R Y
```

BALLOON	FURBY	SCOOTER
BASEBALL	HELICOPTER	SLEDGE
BLOCKS	KITE	SLIDE
BRICKS	MECCANO	STILTS
BUBBLES	PINATA	SWING
BUILDING SET	PUPPET	TEDDY BEAR
FOOTBALL	RAG DOLL	YACHT
FRISBEE	RATTLE	YO-YO

Play! Invent the world! Invent reality!

Vladimir Nabokov

```
E S M Z W Y R R E B E U L B H
I I A V Y R R E B E S O O G Q
T N A R R U C K C A L B J I L
U R B I R A S P B E R R Y G Y
P N V D E T A N A R G E M O P
S O W B B Y T Y L O N R F O M
A L J N N U R R I O L M N C X
A E P E A R V R M O F J G G A
P M O C R U K E E K R U F P P
R Y M T C E L B I B A A A D P
I I R A A N P W G V L P N N L
C I S R N M I A A O A I P G E
O L M I E G O R R Y R L B K E
T C C N M H O T A G Y A I W M
V N C E Z D C S S C H C A E P
```

APPLE	GRAPE	ORANGE
APRICOT	GUAVA	PAPAYA
BILBERRY	KIWI	PEACH
BLACK CURRANT	LEMON	PEAR
	LIME	POMEGRANATE
BLUEBERRY	MANGO	RASPBERRY
CHERRY	MELON	STRAWBERRY
CRANBERRY	NECTARINE	TOMATO
GOOSEBERRY		

Beneath some orange-trees,
Whose fruit and blossoms in the breeze
Were wantoning together free,
Like age at play with infancy.

Thomas Moore

TV Quiz Show

```
C P L B W K U E S U N O B L S
H L F B O R M B P A D S L L J
A D L O Y R O R Y G W Z A G Q
M S M A S S E N S U O V R E N
P G D W C S P U G E I S R Q S
I S Z N S E B C R R R E S S N
O G H U U J R F T E Z B T G O
N A R E E O Y V T Z H I N L I
T E H C W N R R U J M I I B T
X H T K T J O B G E T M O O S
E S G Q Q P M S L S S Q P X E
Z T H I P J E I E N M I U D U
I S R U R B M T Q Y C W N I Q
R O S R S I E S N E P S U S Z
P H C T T R I V I A D E E P S
```

BONUS	PRIZE	SUBJECTS
BUZZER	QUESTIONS	SUPPORTERS
CHAMPION	QUIZ	SUSPENSE
HOST	RECALL	TESTING
MEMORY	RIGHT	TIME LIMIT
NERVOUSNESS	RIVALS	TOPIC
POINTS	ROUNDS	TRIVIA
PRESSURE	SPEED	WRONG

One of the closest concepts to hygge is gratitude.
When you practice gratitude, you're able to
appreciate the everyday things in life.

Amy White

Drinks

```
R Q G K I U F J U H F J A O Y
Y R I J E R H D E V F O O I H
Q E F B U C O G N A C C Z D T
N E T M T A Y L K O K R U R M
O B I O M M R E C B K W O A B
Y L C P M P C E K P G P O C B
K S T E H A R O G S U G V A F
I K V U Z R R L I A I N S B W
Y V C Z C I Z T E N L H C Q N
R O U O I P Y S I M T J W H Z
R D R Y D N A H S N O R N P K
E K A O E M C A V W I N E E B
H A C E R P J U L E P Z A A R
S Z A Q M Q I R K J Z M K D U
O R O M V Y B J W I O O M R E
```

BACARDI	JULEP	PUNCH
BEER	LAGER	RUM
CAMPARI	LEMONADE	SCOTCH
CIDER	MARTINI	SHANDY
COCOA	MEAD	SHERRY
COGNAC	MILK	VODKA
COINTREAU	OUZO	WHISKEY
CURACAO	PORT	WINE

Sitting with my gin or whisky afterwards I would
often manage to get into conversation with
some lonely man or other... Then I felt happy, felt
I had come home, because home to people like
me is not a place but all places, all places except
the one we happen to be in at the moment.

Anthony Burgess

Time

```
D A Y Z L U X O D S I O R P O
N Y A D I L O H Y C B P S T Q
O O C M Z S N I G H T M X E A
C S V C B S T O P R X E F L M
E Q F D S H D I U I N T U C U
S P S T A T G B N S T P T Y F
I A A N F W K K H T B Y U C L
L Y D X R M N Z I M S B R M P
L H R P D M V C B A A Q E E Q
I V E A S Z K V L S N T N E L
M S S N U D I M R U N D E B X
R B P F L R A U L D U H H F T
E C A P A N B R N L A C W O H
T K L T A O W E U S L Q I G E
C N E C Z E F M F M G N D I N
```

ALMANAC	HOLIDAY	STAY
ANNUAL	LENT	STINT
CHRISTMAS	MILLISECOND	STOP
CYCLE	NEXT	TEMPO
DAWN	NIGHT	TERM
ELAPSE	PACE	THEN
FEBRUARY	PENDULUM	TICK
FUTURE	RATE	WHEN

Time can't be measured in days the way money is measured in pesos and centavos, because all pesos are equal, while every day, perhaps every hour, is different.

Jorge Luis Borges

GREAT Start

```
T N U A K W J T Q O V I N K B
C R W G K A T D P P A M W A A
F Q Z V X O N A I E P A S Z W
L V N H C R L G C M L I N F W
P A T S E U L N A L N N O H M
L T K B B A A U O R C I I R B
A Z M E O T R F L Z O T T E E
I U N A S O C T E B E O A R D
N S N I E H S K E S U R T E I
S E D X I L H T H D P Q C V V
U A S N L C O A T D L R E I I
N L A A H H R L I J A B P L D
C A F O O K T K A R G N X E L
L V H K R K S E E N U R E D D
E K N I A T I R B E L C R I C
```

AUNT	DISTANCE	NUMBER
BASIN	DIVIDE	PLAINS
BEAR	EXPECTATIONS	SCOTT
BRITAIN	FALLS	SEAL
CIRCLE	HEARTED	TALKER
COAT	KANGAROO	UNCLE
DANE	LAKES	WALL OF CHINA
DELIVERER	NEBULA	WHITE SHARK

Hygge is about an atmosphere and an experience,
rather than about things. It is about being
with the people we love. A feeling of home.

Meik Wiking

Good

```
C Y Y G G C I F I R R E T E T
O E H E N T N A S A E L P L A
M P T X E I A A T F U B U I X
M S L C X O K N P F Y A Z H E
E E A E A A E C R P R T A W E
N L E L A I U E A F O I P H V
D B H L D S E Z A R T U R T I
A A U E B H I B A Y C S O R G
B Y B N C A U N L F A S F O O
L O U T B L E B G L F U I W R
E J O R O I R E P U S P T V O
C N S U O I C A R G I E A J U
D E S I R A B L E G T R B K S
T A E R G T O L E R A B L E G
Y W I G N I H S A M S B E G N
```

AGREEABLE	GRACIOUS	SMASHING
CHEERFUL	GREAT	SUITABLE
COMMENDABLE	HEALTHY	SUPERB
CRACKING	OBEDIENT	SUPERIOR
DESIRABLE	PLEASANT	TERRIFIC
ENJOYABLE	PLEASING	TOLERABLE
EXCELLENT	PROFITABLE	VIGOROUS
FABULOUS	SATISFACTORY	WORTHWHILE

Fortunately money is not known in the Land of Oz at all.
We have no rich, and no poor; for what one wishes the
others all try to give him, in order to make him happy,
and no one in all Oz cares to have more than he can use.

L. Frank Baum ("The Road to Oz")

```
Y Z V Z E O J N Q L D Y C S R
T O G U M A L L E R Y Q R Q R
R R H B E R T R A M A L C A L
D R W C R H V W H U T E R I M
E S P U T A K S J M H N E M R
S T C O F S S R E E K I E A E
C U P O I R I D S C Y B E K E
H A Y M L N N B O W E A N A D
A R A E A V T L N R D B A S N
M T N M W Q I N E H L F U B I
B Q A C Q M I L U A C A L A E
A Q M E S I U O L Z T E K J R
U N B R S N F A B E R L D E Q
L L H P V T U U Y N C L I A C
T E H K Y O G P T A I P U N R
```

AMISK	CREE	MALLERY
ATLIN	DESCHAMBAULT	MINTO
BABINE	FABER	POINT
BISTCHO	HAZEN	QAMANIRJUAQ
BLUENOSE	KASBA	REINDEER
BRAS D'OR LAKE	KLUANE	SAKAMI
CEDAR	LAC LA MARTRE	STUART
COLVILLE	LOUISE	YATHKYED

Perhaps it is not a coincidence that everything that has
to do with hygge makes us feel happy, calm, and safe.

Meik Wiking

In the Air

```
Q D Z H A R O M A S T E A M P
S R T H T W E Q P Y E S P B M
X L A B P O U V D L A Q U K U
E Z E E R B M C I P A T G D V
E B L I M P O T S D S N G T W
Y M D K A D E C O X Y G E N R
U U Z S E K E L Y Z I K H S U
P U V K C N E B M J N H S K A
C O O O T N I T Z W F D Q Y P
H M R Y Q R U J I E L P O S O
S A T D D Y U N V K N P M F L
H J S S N C D L R A W O S B L
Z D I D R I Z Z L E G G R G E
I S M R Z B A L L O O N Q D N
H O O E M U F R E P U R Q M M
```

AROMA	HAZE	RAINDROP
BALLOON	KITE	ROCKET
BIRDS	MIST	SCENT
BLIMP	MOTH	SKYDIVER
BREEZE	OXYGEN	SMOG
DRIZZLE	PERFUME	SMOKE
DRONE	PLANE	STEAM
DUST	POLLEN	WIND

Another glorious day, the air as delicious
to the lungs as nectar to the tongue.

John Muir

EARTH Words

```
B U A C R E H T F O T L A S M
F A N D O E W W L J T A K U N
Z Q U A K E N B Z R E B D G A
R M K I M O S R Z R E V O M J
C Z P M L Q E E O A T D O R B
O S A L M O N D V T D T R Y N
S C E I E N I D R E H O L G Y
T H W Q K E R J S E M G I E E
T P S T N A T S R E S S I H A
H O T C O W A E R K Q F A L L
E P N B I N O T H I N G O N W
L O L B G E L R D V K P S O O
Y S T J O Z N X B A Z S T A R
L I K R O W E C R X S S U Z M
E R A R T A T N E O W R N V S
```

ALMOND	HELL ON	SALT OF THE
BOARD	LIGHT	SCIENCE
BORN	MOTHER	SIGN
BRED	MOVER	SPIKE
BROWN	NOTHING ON	STAR
COST THE	NUTS	TREMOR
FALL	QUAKE	WORK
GODDESS	RARE	WORMS

The Mole had been working very hard all the morning,
spring-cleaning his little home... Spring was moving
in the air above and in the earth below and around
him, penetrating even his dark and lowly little house
with its spirit of divine discontent and longing.

Kenneth Grahame ("The Wind in the Willows")

Tropical Fish

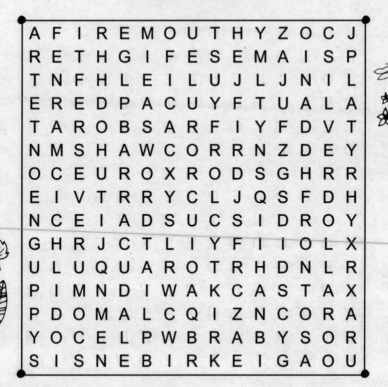

```
A F I R E M O U T H Y Z O C J
R E T H G I F E S E M A I S P
T N F H L E I L U J L J N I L
E R E D P A C U Y F T U A L A
T A R O B S A R F I Y F D V T
N M S H A W C O R R N Z D E Y
O C E U R O X R O D S G H R R
E I V T R R Y C L J Q S F D H
N C E I A D S U C S I D R O Y
G H R J C T L I Y F I I O L X
U L U Q U A R O T R H D N L R
P I M N D I W A K C A S T A X
P D O M A L C Q I Z N C O R A
Y O C E L P W B R A B Y S O R
S I S N E B I R K E I G A O U
```

BARRACUDA	FRONTOSA	RAM CICHLID
BICHIR	GUPPY	RASBORA
CATFISH	JULIE	RED PACU
CORY	KRIBENSIS	ROSY BARB
DANIO	NEON TETRA	SEVERUM
DISCUS	OSCAR	SIAMESE
FIREMOUTH	PLATY	FIGHTER
FLYING FOX	PLECO	SILVER DOLLAR
		SWORDTAIL

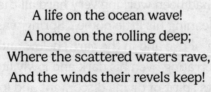

A life on the ocean wave!
A home on the rolling deep;
Where the scattered waters rave,
And the winds their revels keep!

Epes Sargent

```
S O S E T O N E R U T C E L H
R D G T E V E P I C E R G D C
J J R I V R N D O W A S A W B
T O Z A F E U V B I J I S C N
E O U W C T N T X L L R S A O
R R D R U Y T V A L D E E L Y
O E H O N G A A E N K C M V U
C P D P L A R D G L G E T P B
S A R N A I L E H E O I O O Q
C P E J I R S A E T M P S S R
I M P D A M G T B T R T E T E
S A O O I O E O T E I I O C N
U X R N I A J R T R L N B A N
M E T D Y L R N M U J S G R A
D D R A C U O Y K N A H T D B
```

AUTOGRAPH	GREETING	RECEIPT
BANNER	JOURNAL	RECIPE
BIRTHDAY CARD	LABELS	REMINDER
DIARY	LECTURE NOTES	REPORT
ENVELOPE	LETTER	SIGNATURE
ESSAY	MESSAGE	THANK-YOU CARD
EXAM PAPER	MUSIC SCORE	TO-DO LIST
GIFT TAG	POSTCARD	WILL

You are part of my existence, part of myself.
You have been in every line I have ever read
since I first came here, the rough common boy
whose poor heart you wounded even then.

Charles Dickens

Lights

Y	T	I	C	I	R	T	C	E	L	E	M	H	I	I
O	W	X	F	H	G	J	G	R	S	I	X	O	L	P
E	T	H	C	R	O	T	S	S	A	J	S	L	O	Q
S	T	T	A	W	N	M	U	T	W	T	U	E	C	N
I	A	H	P	O	A	O	E	Z	V	M	S	P	W	N
M	Y	W	G	E	N	J	M	S	I	H	N	Z	N	K
E	T	F	B	I	S	C	T	N	E	Z	I	O	M	A
L	V	H	M	A	L	M	A	O	R	S	E	S	A	E
D	O	U	G	L	U	T	I	R	A	N	N	F	E	R
N	L	Q	N	I	I	R	O	G	L	O	W	S	L	B
A	T	J	K	O	L	Y	O	P	F	U	A	H	G	Y
C	A	L	N	S	A	D	T	R	S	P	D	I	F	A
F	G	U	I	N	S	C	A	B	A	X	W	N	X	D
E	E	L	K	A	E	R	N	E	T	A	P	E	R	X
E	Z	L	W	F	R	L	Y	Q	H	V	F	U	Z	G

AURORA	GLEAM	NEON
BEAM	GLOW	SHINE
CANDLE	HEADLIGHT	SPOTLIGHT
DAWN	ILLUMINATION	STAR
DAYBREAK	LASER	TAPER
ELECTRICITY	LUMINOUS	TORCH
FLARE	MATCH	VOLTAGE
GAS JET	MOON	WATTS

To stand at our window, wrapped in the half-dark
and watch the day disappear behind the building
opposite our own and the lights appear in the
windows around us, is a moment of hygge.

Louisa Thomsen Brits

Roman Deities

```
H T O S A A Q L D N G G U V L
P E A Z E I R M O R S J Y R A
J M C F R R D I P U C A O I S
J P P A Q E E B T D M L V U S
D E L V T G D C I E L I N W Y
M S U R A E I A R O R U A Q V
R T N E L V N C P T A G U Y Y
J A A N N A U A O F Y J M B O
A S H I U R M E D I T R I N A
B Q L M Y M C U I M U V U S S
I O F O R T U N A P J J K R I
S Z V O A Z I S L N D L A H N
A R O L F J B U N N E M Y H U
A T R O V E T N A J A Z I A U
B D B F Q O N W V A V R I L S
```

ANTEVORTA	FLORA	MEDITRINA
APOLLO	FORTUNA	MERCURY
AURORA	HECATE	MINERVA
CERES	HYMEN	MORS
CUPID	INUUS	PLUTO
DIANA	JUNO	SOL INVICTUS
EGERIA	LUNA	TEMPESTAS
FAUNUS	MARS	TRIVIA

Fair Venus shines
Even in the eye of day; with sweetest beam
Propitious shines, and shakes a trembling flood
Of softened radiance with her dewy locks.

Anna Letitia Barbauld

In the Mail

```
F N T N R A L U C R I C I R B
L E T T E R I Y M I C Q E E Y
P W C N D T V E A N L F Y C K
O S O A E K S Y G V F T D E I
S P U V U M R E A O Y P S I B
T A P K F E E O Z I S I T P P
C P O B H R D C I C U R E T A
A E N C U P U B N E M C K J C
R R U B V L R O E U M S C U K
D O L E A F L E T M O U I N A
V Y L L W W O E S W N N T K G
B L W N W Z H J T E S A N M E
O M L E C R A P H I N M K A S
O U M I S S I V E U N T T I V
K T Z B B R O C H U R E G L D
```

ANNOUNCE-MENT
BILL
BOOK
BROCHURE
BULLETIN
CIRCULAR
COUPON
INVOICE

JUNK MAIL
LEAFLET
LETTER
MAGAZINE
MANUSCRIPT
MISSIVE
NEWSPAPER
OFFER

PACKAGE
PARCEL
POSTCARD
PRESENT
RECEIPT
SUMMONS
TICKETS
VOUCHER

"What did you write in the letter?"
Frog said, "I wrote 'Dear Toad, I am glad that you
are my best friend. Your best friend, Frog.'
"Oh," said Toad, "that makes a very good letter."

Arnold Lobel ("Frog and Toad are Friends")

```
A U A C A V Z A I E Q B F F B
C L T Q R E S I A H T R L F T
A U H L T E E C S H Z A O O Y
X L E R K M J D S E F S S Z I
D O M U E O V N E I R C Q G K
Q H A S L L H O S M A N A X C
R E G A E A E R C S E R S E E
E N I L A S A M A C B E T H Z
H G C K H P I A E R U O S P Z
T R F A F X D W J S T B W X O
R I L A R H A M P E I E A X W
E N U Y T M O I L E D I F N N
W S T F C I E L A B O H E M E
T D E R T O O N U G C N G D I
Q Y I E Z G I N A T I R U P I
```

AIDA	LULU	SALOME
CARMEN	MACBETH	SEMELE
ELEKTRA	MEDEE	SERSE
FAUST	NABUCCO	THAIS
FIDELIO	NORMA	THE MAGIC FLUTE
I PURITANI	OTELLO	TOSCA
LA BOHEME	PARSIFAL	WERTHER
LOHENGRIN	RUSALKA	WOZZECK

Really superior artists judge without being prejudiced by school, nationality or period. If the artists of north and south exhibit different tendencies, it is good that they are different!

Giuseppe Verdi

Gardening

```
S A C K S L U K A S R P L D X
E Q B O F B L K R E P L W C U
T U O T R P P F W O E M H X U
I L E X J M E O T R F A W V B
M S S D H T L S R R T S T Y U
E Z P N I F T O A O R L S R U
N Z B I N C S O K M P A A R E
I E R U L I I F E M A B X E P
R I S E Y C H T S Q P T X B O
E T V W H I T E C U R R A N T
N S E N O T S Q S E V A G A R
B P D W N H N J T G S R Y G A
A K O W A Z M A K I U N L O Y
W K A Y F E D C B B R B I L S
V L O U Q M A I S K N A B Z R
```

AGAVE	GRUBS	RAKES
ANTHER	ILEX	SACKS
BALSAM	INSECTICIDE	SORREL
BANKSIA	LAWN	STONES
BUGS	LOGANBERRY	SUNFLOWER
CLIPS	MITES	THISTLE
CORM	NERINE	TRAYS
FORK	POTS	WHITE CURRANT

Everyone can identify with a fragrant garden,
with beauty of sunset, with the quiet of
nature, with a warm and cosy cottage.

Thomas Kinkade

```
V U Y T L X N Z E A R Y A N Y
H E S B I V F A R L A R Y H F
A G R G O H L G I L P E C C G
U D T Y G O E M O E B O O A T
P P L I M I C U C I L J N R R
I O U O W D N N H O U R N R O
O G N O H E E T C Q X X E O P
K D H Q S V T R A N N I F N G
E Y E S E P E T D L T A C R F
I M L L E P G H O E X I V G D
S W A L T O N G E M R Y E E Z
G O L B I P D L L F O X C L R
A N X I V O F E F W Z R O D B
I V O Y E G I A K R A Q A K X
G K Q L Z A O A L E M O O R S
```

AFFRIC
ALEMOOR
ARKAIG
CARRON
ETIVE
FARLARY
FINNART
FLEET

FLEODACH
  COIRE
GILP
GOIL
HOURN
HOWIE
KEISGAIG
LEVEN
LOCHY

LOMOND
LONG
MORAR
NAVER
NESS
REDMYRE
RYAN
WALTON

I live out in the country in Scotland and know that
if I close my eyes, I can recognise every sound.

Rory McCann

Astronomy

```
S K L E D S R A T S N S N U S
Z G L B U S R Y I O E H Y R R
P S O O H R D A O R I O N E T
L U A Y V G O M M V T Y W T D
E N B T P T O P L A N E T T S
I E E H U R E N A R O G S A A
A V A L B R J L F O B G U M W
D S P I B C N O E F R H N K S
E E T D O B B S E S G R A R A
S A D M U D U P C A C O R A L
C R E S E O O H L O E O U D R
H T K Z E C G A Q N S G P E P
T H O E H L X K Q X J M N E J
T E D E M Y N A G Z J N O T K
H C A S T E R O I D X B O S K
```

ASTEROID	GANYMEDE	PLEIADES
COMET	HUBBLE	PLUTO
COSMOS	MARS	SATURN
DARK MATTER	MOON	STARS
EARTH	ORBIT	SUNS
EPOCH	ORION	TELESCOPE
EUROPA	PHASE	URANUS
GALAXY	PLANET	VENUS

For my part, I know nothing with any certainty,
but the sight of the stars makes me dream in the
same simple way as I dream about the black dots
representing towns and villages on a map.

Vincent van Gogh

```
O Q R F N C Y W F I U C V P R
W H R H O I V W R C W P V A Y
B O I E B Z Q T O A S I C Z E
U P R A N E L J T L G K M O L
C S G T J A E W H P I U K A R
K G E E M O S R M N Q P S P A
E N N R F H T E G A L L U Z B
T I I C N I G E S Y E A S T W
U B W B O I L I N G V N R U Z
E U H F K V R T S I E C A S X
S T C S O R M J E V O K J F A
V E Y A A Y A Z Z R J B L R A
T U E I S M L D K K E C O G L
N Z S L I K M S W V V M H T K
F N S S E N L L U F A Y S K A
```

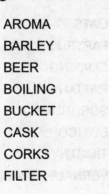

AROMA	FROTH	MASH
BARLEY	FULLNESS	RACKING
BEER	HEATER	SUGAR
BOILING	HOPS	TUBING
BUCKET	JARS	ULLAGE
CASK	KEGS	WINE
CORKS	LEES	WORT
FILTER	MALT	YEAST

To live a life of hygge requires kindness: kindness to ourselves in the everyday acts that bring contentedness and pleasure, and kindness to others in a spirit of kinship and conviviality.

Signe Johansen

Grasses

```
L I A T S T A C N M F M S G I
V R M I B F U F O R I L T E D
E K E M N N F O D L O U A A Y
R E Q O H A R F L S S C O P B
N U U T R T A E H W K C U B A
A C A H Q Z T X I M S B T U R
L S K Y A K X T K B C O M R L
K E I Y S V C S L Q N F A I E
M F N M F H O U O K H T I U Y
X V G D P O E R G R T R Z I G
D R A E B G N Y Z A G Z E U X
T Z X M R J P P N O C H D A N
N Q A A O Z F A Y B A M U V O
E B S U M P W P X G N O T M H
B S N V E Z W O D A E M T Z N
```

BAMBOO	CAT'S TAIL	OATS
BARLEY	CORN	PAPYRUS
BEARD	FESCUE	QUAKING
BENT	KNOT	RATTAN
BLUEGRASS	MAIZE	SORGHUM
BROME	MEADOW	SWITCH
BUCKWHEAT	MILLET	TIMOTHY
CANE	MOOR	VERNAL

Knowing trees, I understand the meaning of patience.
Knowing grass, I can appreciate persistence.

Hal Borland

```
O D A N R O T N E R R O T Q S
G U S W D K Y D N I W O R I Y
N L P R C E L M Z X G X Q O W
I L O E E Y L J O U I U C Y O
G N R T A W B U S O Y J T K L
A E D V N H O T G A L E S C B
R S N R K E Y H B E L G L S L
R S I T L H M D S T A O Z X I
O N A T E M P E S T U O U S G
U O R W H Q L Y L D Q B V O H
G O C O B P V O B C S K K E T
H S F Y C A S U A A N P T W N
S N Y Z E E R B Y T S I M L I
U O D H R S B A T Y P H O O N
O M B F T Y R E T S U L B P G
```

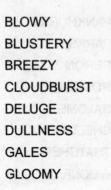

BLOWY	GUSTY	ROUGH
BLUSTERY	HEAVY	SHOWERS
BREEZY	INCLEMENT	SQUALLY
CLOUDBURST	LIGHTNING	TEMPESTUOUS
DELUGE	MISTY	TORNADO
DULLNESS	MONSOON	TORRENT
GALES	RAGING	TYPHOON
GLOOMY	RAINDROPS	WINDY

All day the storm lasted. The windows were
white and the wind never stopped howling and
screaming. It was pleasant in the warm house.

Laura Ingalls Wilder

Famous Women

```
R I E M R W R E O S C E J S E
G R I Y E L L E H S A L O M E
D S K R A P K T I B G A R B O
E J N T K E A D H R D Y B V G
D E L I L A H N M A U S T E N
T O N L M X W B K N T C R N H
R B E B J O A G I H I C F O S
A R M R O I N R Z B U H H R M
H J F L H N A R G H N R I E E
R G F R F H O G O O T I S P R
A L W I A D A T O E T S R T K
E N E T D N J O N V N T Y V E
T Z A I D F K H M I R I U B L
Q M C H C A R T W D L E W H D
B K I A R T A P O E L C A N B
```

AUSTEN	FRANK	PANKHURST
BHUTTO	GANDHI	PARKS
CHRISTIE	GARBO	PERON
CLEOPATRA	KELLER	RODDICK
CLINTON	MATA HARI	SALOME
CURIE	MEIR	SHELLEY
DELILAH	MERKEL	THATCHER
EARHART	MONROE	WOOLF

Beauty is how you feel inside, and it reflects
in your eyes. It is not something physical.

Sophia Loren

```
N G I S E D R G H Z S B A L S
N A N L K E L E A F N E T F J
D O O S T V U K R E N F K D D
Y O I L T A I R E T C A B A E
P M I T N O T N Y M P H L Z F
S F S P C K N J T L R G Y E R
T I L L W E N E J V A K I G O
W G R A V E L P S E C U S D N
E H U N E K E F H A V H K I E
N Y Y T F L C D E C W S C R D
I D E S P I U Z S R Y M O B L
X V E P O N D S K A T E R J O
K O I P G E B G W A F M H N G
I R Y E T R N I A T N U O F N
U S S N D H K E D N N A W M R
```

ALGAE	GOLDEN ORFE	POND SKATER
BACTERIA	GRAVEL	POOL
BRIDGE	KOI	REFLECTION
CARP	LEAF NET	RIPPLE
DEPTH	LINER	ROCKS
DESIGN	NEWTS	SLABS
FILTER	NYMPH	STONES
FOUNTAIN	PLANTS	WEEDS

Toad talked big about all he was going to do in the days to come, while stars grew fuller and larger all around them, and a yellow moon, appearing suddenly and silently from nowhere in particular, came to keep them company and listen to their talk.

Kenneth Grahame ("The Wind in the Willows")

Girls' Names

```
O H J A E H T N A B U U K V Z
A S W A N J P H S L U R H C W
O N A I X N T E J D H J Y Q X
B R T N A T A S H A R A A F K
H J O O M O Q B S G N A C T A
C R H T I B S H E N L G I I E
I W H N L N A T A L I E N K N
R D N A L V E E E E A O T Y I
R O Y S I A D T S T S X H H L
G Y M N C D S W T T E Q E M O
U N A A E T U S S E R Z O A D
J O L B N D D A I V E L Z R N
J Y Z H T M I Y L Y N E T T E
C R S V R G O T B C A P Y H W
W B U L T R K S H E M O R A G
```

ANNABEL	EDITH	NATALIE
ANTHEA	GWENDOLINE	NATASHA
ANTOINETTE	HYACINTH	ROMA
ANTONIA	JOAN	SERENA
BRYONY	LYNETTE	SONIA
CLAUDIA	MARTHA	STELLA
DAISY	MILLICENT	YVETTE
DEANNA	MORAG	ZOE

Happiness is quality time with friends and
family. Incorporate hygge into everyday life.

Jessica Joelle Alexander

Wines

```
K U N C I I Z P P X Y E R Y M
Z C T P L Y A Q F R E D F E X
V B O W H A R E D S H I R A Z
S N X H R U R G R F G L L O T
C D O L J A H E L K O B R I T
S O R N E P G E T T C E Q A M
Q T D A G E R N E C A S L A Z
Y H O E Y I V M I A X O U W R
E D V E M E V U W L B R B A Z
R V O A R Z N U C R S T Z D O
O Q Q B R I T I A F G E N K H
J C R V N H O U V S X E I A A
E U P A O U B L A N C W Y R R
T U P P X X H A W K E S B A Y
B A R O M A L G E M B X O E S
```

ALSACE	DRY	PAARL
AROMA	HAWKES BAY	RIESLING
BLANC	HOCK	ROSE
BODY	KAUTZ	SAUVIGNON
BRUT	LOIRE	SHIRAZ
CAVA	MEDOC	SWEET
CLARET	MERLOT	SYRAH
CUVEE	NAPA	VINEYARDS

Burn old wood, read old books, drink
old wines, have old friends.

Alonso X of Castille

Flowery Girls' Names

```
F H M Y X K D C V M B A N P S
E O N N A X I V C K R B R S S
W L D E P M M V C L E H E A Q
F L V A L O A V E Q D R F W A
F Y V E I T P R A I N N I Z G
R E E K E S R P B G E R F A R
D E R L T O Y Y Y J V N S S H
E N O Y S U X P M P A I B I Q
U I N L G L A U R E L V A Y L
V B I E S D H O W L K I I N Z
V M C C F I X Y Y Z V Y L O B
T U A I L S R R D G M S H Y R
Y L W C O T A I I Z Q N A R O
T O V L R M Q G V V A A D B S
Q C K M A D T X E K Y P S J E
```

AMARYLLIS	HOLLY	PANSY
BRYONY	IRIS	POPPY
CICELY	IVY	ROSE
COLUMBINE	LAUREL	SAGE
DAHLIA	LAVENDER	SORREL
DAISY	LILY	VERONICA
FERN	MAY	VIOLET
FLORA	MYRTLE	ZINNIA

These flowers are like the pleasures of the world.

William Shakespeare

```
C C G J Z A Y A E R Y N X C S
Y G D W T T I O N W A G Q H Z
I R I Y K A R U J R R I H C L
E A E R H S C A R B A N A A S
Y R M E K L H S Y G I C S E D
R R W Y A L S I A B F H C L A
Z A E S V K I G D A B T O I K
T N A G Y X N U D L J A S E S
H O V A H S I T O T G V A H I
B E V I S S K F L A S A Y B R
I Y I O Q R C Z F J N N G R E
L U N G A Q O A H H J N U A P
O L L W G B T E R T A A H G U
Z V Q M Y A S N I P O C J T F
Y A U Y C A G H L J X H J R V
```

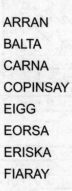

ARRAN	FLODDAY	SCARBA
BALTA	GARBH EILEACH	SCARP
CARNA	HASCOSAY	SKYE
COPINSAY	INCHTAVANNACH	STOCKINISH
EIGG	ISLAY	ULVA
EORSA	JURA	UNST
ERISKA	LUNGA	WIAY
FIARAY	NOSS	WYRE

I go to Scotland maybe three times a year,
and I love it. When I'm at home, I feel at
home, I feel myself, I feel connected.

Gerard Butler

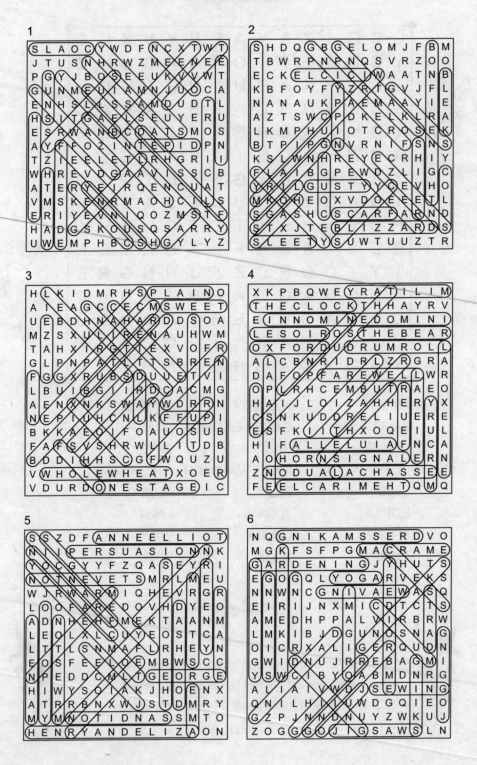

Solutions

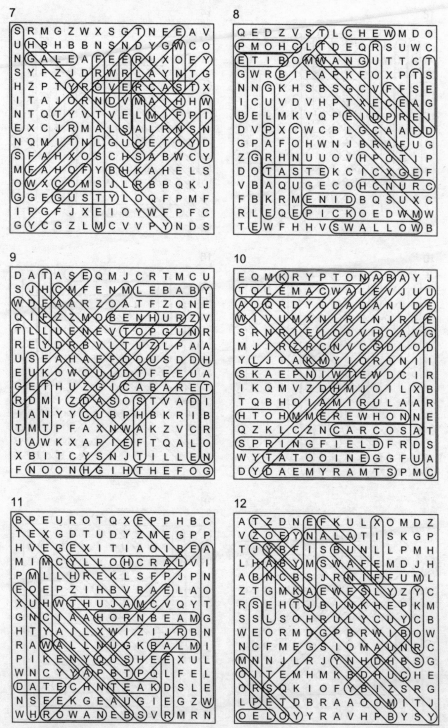

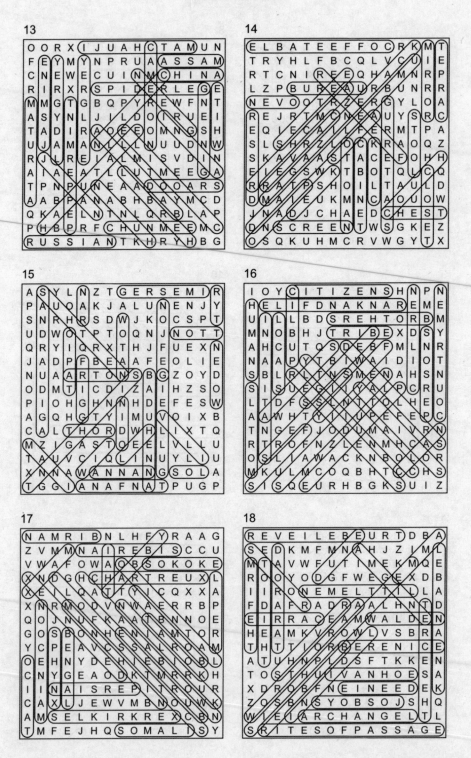

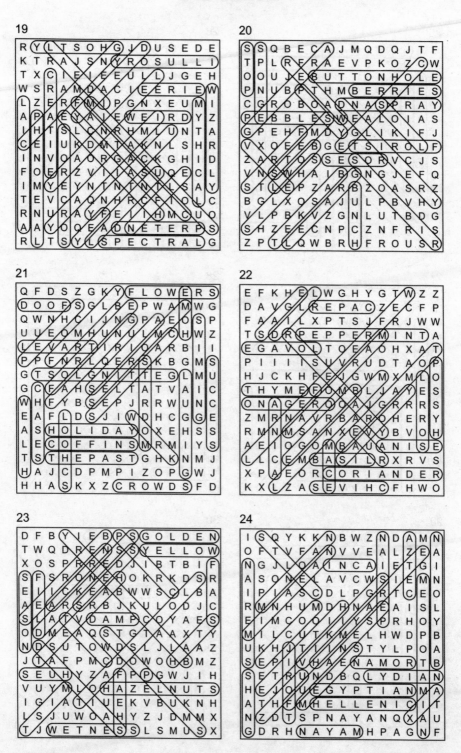

25

```
J U H D Y T Y H P A R G O E G
W E N C Y C L O P E D I A N U
I K S E B N X Y V U S L E V O N
K C E L W A N D R E A D I N G
T I V L I B R A R I A N X F S
T E R R B E S B O R R O W F C
I N E B V A C H A I R S P I I
I N C S O M A T H E M A T I C S
N T E U Z I Y A H L F V F T S
T E I R C C S D R I Q V G Y I A
E R D A K E F U D S U M E C O L
R N T E M I P T B T I J H S N C
N E T M N G D S A O E B O O K S
E T B E Q M U Z C R T B B P M M
V S Z C S Z T K Y K W X D L L
```

26

```
B G N M A T O S Y Z U O U D H
S V C U R Y H E K F G Y W U F
W Q P E A A A Y P P F M M O J
O C E Y K V W T Y B H M U E U
H S Y D R F R S U O I O N Q G
V E L A V L T Z C N W E V O J
E V L P M S Z S G G E T X E D
Q O E G N I T S D U H N N U R
C L J T N S Y D Q X B O S F O
O G L G R G P T O C S M B D N
L R A O Y N L S O O H U O B E
O H Y H F I V T B O F T R C Y
N U O I E W V S N B O A R D D
Y R R V B O X E S M O K E P V
E K M E H R Y N H P X Y U J A
```

27

```
A R E T S E Y L O P T E R D O
D Y P H V C O R Q O W Y H J S
R S D U A I E S C R B O O K B
Y P U S R V F I O B Z H N M C
A O T Z O L P L O C H A I N D
R O Q S K O O H T E H C O R C
N L S P E K C E N E L T R U T
S A T T H R E A D A U B L E E
P R O R L S A C O I F J L D G
L H G E F W W U Q D U L R A U
A A E P X O A B Q M O O O I A
I D T M C R T H F S P U V O G
N K H U U O K E S P H B B S W
I E E J R E T A E W S T R L Z
I L R P S M Z D G A V Z E Q E
```

28

```
Y S M O O T H C I N A G R O K
T M O C R S O C T A R E O H C
Y Y K L V Z A P I H W I T J A
X W W J S F C S E E E S O A L
T J A Z F L X O L E A O M N B
C V W E Q A K B L O F E A E S
A E I Z H T A X R D R F E E E
F N W E W T F H T I S O J L
E I X Q H E C O C L A P E C U
T J B N K N C A I T W E R B
I R A R E I N M N A A U B N A
E Q W R A O N B E H R B O I R
R P F H M Z O D C T M O C O G
E T I H W D J O I Y S E M E Y
T P E O Y V M L Z A D Q C A Z
```

29

```
A S U D E M W M C H I C H W I
R S E L B A T S N A E G U A F
K Q S M N F R S B M F K R N I
I U R P W O E H T E L G S Y P
B R O E X G S I E C U O T J R
K A H G A Z U A T S I L Y E O
E N G A U D V H J W T P X R T
O I N S P C A U C D Y I I Z E
E A I U U L S O L S H O A Q U
P N Y S I H N T N U O Y L S
A M L A A R D Y H R T Q S F A
X O F D K K O A L A Q I U L I
M A E N A D R C R C I V B Z A
O S G K D P I E I C H O R G
N O H T Y P S S F X P R I A M
```

30

```
S K C O L T E F R S Q L J U Q
M S N O L A T Y K C F D U D T
T I M N L X Q S H U G J O E H
R H D S T P U S N O U T E Q H
U S O F O T R B N S W F A O H
N S I U C S C M T M D J O I B
K N C O F D G O I E C V F L L
S H Y A T E P C B T E W E U N
N R C H L S A B H S P Q C D R
I A E O C E E T N V U W L R L
A S W K A W S N H H F I Z S S
C G G O C T V A I E L N X W P
N N U O U G G N P R G K M D
T A M M N L S A K R S S U R Y
Z F Q H Y U M O D A E H C V C
```

170

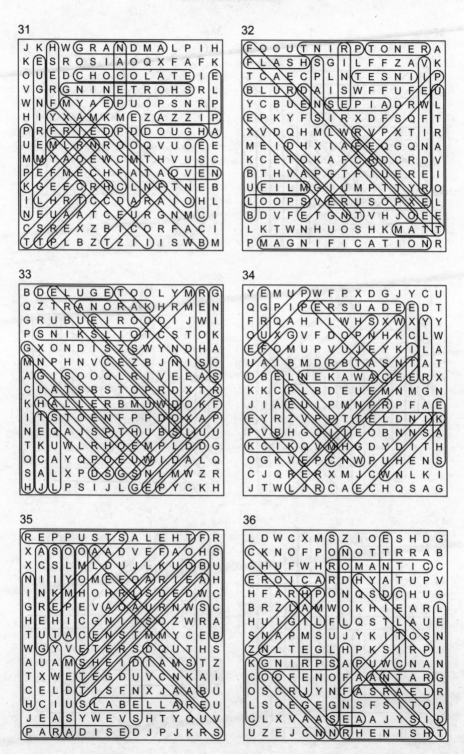

Solutions

37

R	Y	T	T	I	W	G	N	I	B	R	O	S	B	A
G	L	P	L	E	A	S	I	N	G	Q	Z	G	O	E
G	R	A	B	M	I	R	T	H	F	U	L	N	Q	Q
N	A	H	U	M	O	R	O	U	S	L	E	I	Q	G
I	L	G	P	G	B	Y	N	U	T	A	R	L	N	N
T	U	T	N	C	H	E	E	R	I	N	G	I	K	I
R	C	O	M	I	C	A	L	Y	H	O	N	U	C	G
E	O	E	Y	M	X	U	B	I	E	I	T	G	H	A
V	J	H	E	L	X	A	L	L	A	T	Y	E	A	G
I	R	R	S	O	E	A	L	T	E	A	N	B	R	N
D	R	A	I	I	R	V	R	E	S	E	N	D	M	E
Y	V	P	H	I	G	E	I	H	R	R	U	R	I	I
Y	L	L	O	J	T	G	E	L	L	C	F	O	N	N
K	R	U	G	N	I	Y	A	L	P	E	N	L	G	G
E	S	L	E	L	Y	I	B	W	B	R	Y	L	N	D

38

E	D	C	E	N	T	B	S	T	R	E	A	M	U	O
B	L	E	L	D	M	J	R	T	B	E	C	N	E	F
A	C	T	E	E	J	A	W	I	R	E	Z	I	Y	F
Z	F	Q	E	R	A	I	P	L	D	G	E	V	I	C
Q	K	A	I	E	G	R	M	L	J	L	I	C	O	Y
O	J	N	E	S	B	I	I	S	E	M	E	A	H	B
M	A	U	U	A	N	L	E	N	U	Y	K	W	N	Q
T	J	U	D	R	E	L	K	S	G	T	Y	S	A	M
X	W	G	P	A	T	J	H	C	R	P	Q	W	X	Y
H	E	U	V	T	C	R	C	E	O	U	P	O	P	X
R	C	E	E	N	O	C	E	N	I	P	X	L	B	E
C	S	N	B	O	U	L	A	R	P	H	O	L	L	Y
V	R	C	M	N	B	C	R	F	G	Z	O	I	Q	I
I	T	O	R	E	P	E	E	R	C	W	Q	W	O	C
L	S	K	W	D	L	R	X	F	L	J	R	W	G	O

39

A	S	K	N	E	I	R	B	T	I	H	G	B	H	B
N	S	Z	N	N	H	Q	E	B	E	Z	O	X	R	R
E	U	R	A	V	E	L	L	N	R	Z	P	X	M	K
L	A	W	E	B	E	R	L	Q	G	E	I	I	A	U
I	R	O	Z	S	B	R	I	D	X	A	R	B	H	C
S	T	M	W	B	O	A	N	K	H	H	W	A	L	U
Z	S	O	R	R	B	C	I	E	H	C	A	B	E	I
T	L	Z	E	A	M	H	L	C	G	F	U	Y	R	A
F	M	A	N	H	M	M	E	A	K	A	Q	D	D	K
D	G	R	K	M	C	A	D	N	H	C	L	J	M	N
O	V	T	C	S	C	N	N	A	K	O	U	H	E	I
O	I	O	U	G	V	I	A	J	N	P	O	L	L	L
U	K	K	R	V	G	N	H	R	C	L	N	F	G	G
E	W	K	B	A	K	O	A	Y	S	J	C	R	A	J
Q	X	X	C	K	K	V	X	T	E	K	L	I	R	U

40

N	E	N	Q	A	C	J	S	C	A	R	R	I	E	C
L	N	R	K	P	A	R	O	O	M	S	K	W	A	H
A	I	I	V	A	N	H	O	E	R	O	M	N	J	E
M	T	O	S	R	D	E	L	C	T	E	I	K	U	N
S	S	M	A	N	I	Y	G	V	J	N	J	Z	N	I
M	U	D	I	O	D	Y	N	R	E	C	D	J	B	L
E	J	I	U	J	E	Y	X	R	U	C	R	Z	Y	A
R	B	B	D	L	Y	S	A	J	F	J	O	B	T	R
L	E	Y	R	U	T	K	A	R	F	F	L	I	O	O
I	N	I	Y	Z	A	N	C	A	S	I	L	B	A	C
N	H	E	O	N	E	L	Y	U	R	O	R	V	M	A
S	U	R	N	E	F	E	C	T	L	O	E	J	E	R
M	R	A	Y	K	S	B	M	I	Y	T	H	D	L	M
O	M	R	T	H	G	G	E	R	T	R	U	D	I	E
H	E	W	A	R	L	E	G	G	A	N	G	U	A	N

41

H	N	E	D	L	O	G	R	S	U	D	A	T	H	C
H	T	Y	K	R	X	M	O	Z	S	N	S	A	E	P
C	V	G	D	U	Q	U	U	C	H	O	S	Y	O	R
G	I	A	N	T	N	O	Q	P	A	L	E	A	L	E
A	F	L	E	E	S	P	I	C	Y	B	N	U	D	B
X	O	W	Y	Q	R	I	L	J	H	A	T	Y	A	B
M	N	O	I	T	A	T	N	E	M	R	E	F	L	O
Q	I	S	M	Z	E	T	S	G	J	L	E	N	E	T
G	E	L	G	K	F	R	L	Y	R	R	W	H	S	T
P	Z	V	D	T	E	O	C	A	R	O	S	N	T	L
H	O	P	S	G	E	P	B	P	R	E	B	F	O	E
X	I	A	A	B	E	X	Y	B	F	T	W	K	U	G
Z	E	L	A	L	A	E	R	L	O	O	Q	E	T	D
Y	F	T	K	S	O	T	E	I	T	K	M	G	R	X
A	M	O	R	A	L	L	E	C	A	S	K	S	Y	B

42

T	G	U	Z	A	N	R	K	P	O	S	M	L	D	I
H	S	W	L	F	L	F	R	A	O	B	O	O	Q	Q
I	R	A	U	R	M	E	F	B	E	B	D	O	W	D
R	E	L	O	O	J	O	I	V	D	Y	E	C	D	L
D	K	L	P	C	V	Q	A	P	K	R	R	B	D	K
S	A	E	T	U	T	N	H	S	S	D	N	Q	J	O
T	B	R	L	B	S	S	H	R	A	G	T	I	M	E
R	B	N	N	A	T	A	E	N	A	Q	V	G	Q	Q
E	Z	S	L	N	W	A	S	W	O	E	N	C	C	H
A	V	A	N	T	G	A	R	D	E	I	Y	I	W	D
M	H	C	S	R	I	E	B	A	W	J	S	T	F	Q
B	O	I	L	A	I	N	E	S	W	S	N	U	Z	P
T	G	D	N	L	F	P	S	A	A	S	S	Y	F	A
C	P	U	A	E	D	N	A	L	E	I	X	I	D	X
T	M	A	P	L	S	P	C	Q	K	M	G	E	T	Z

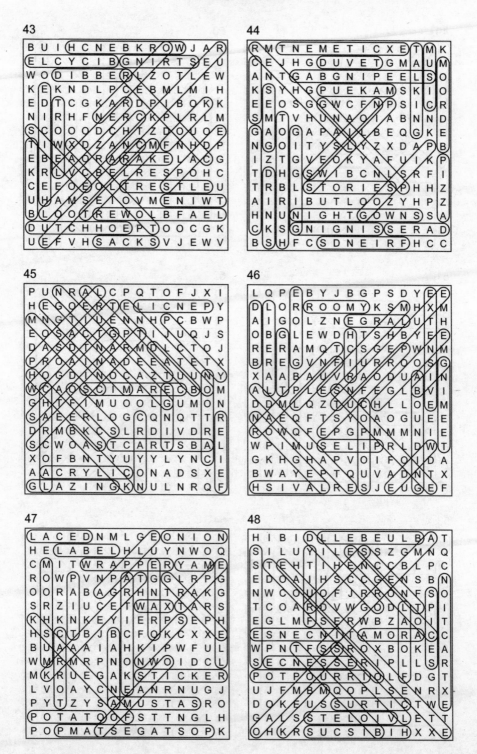

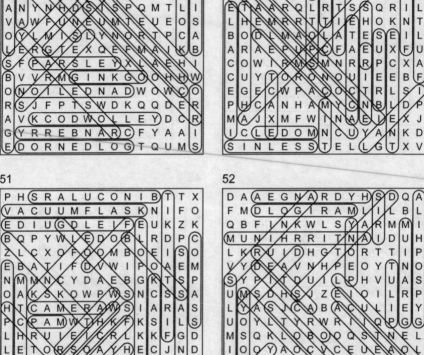

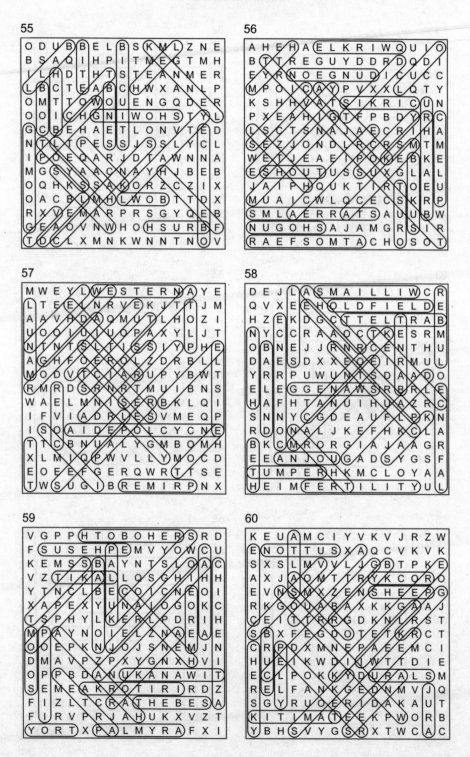

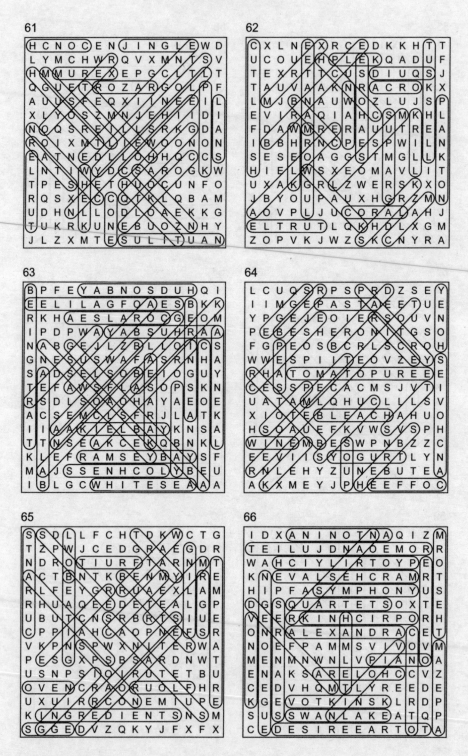

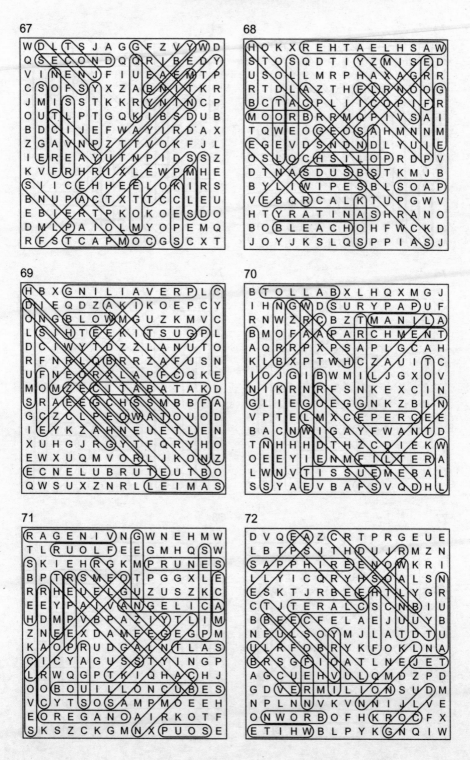

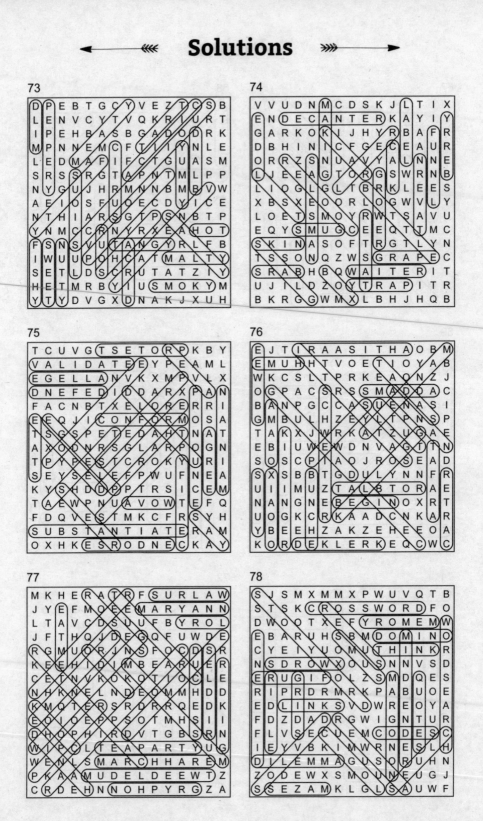

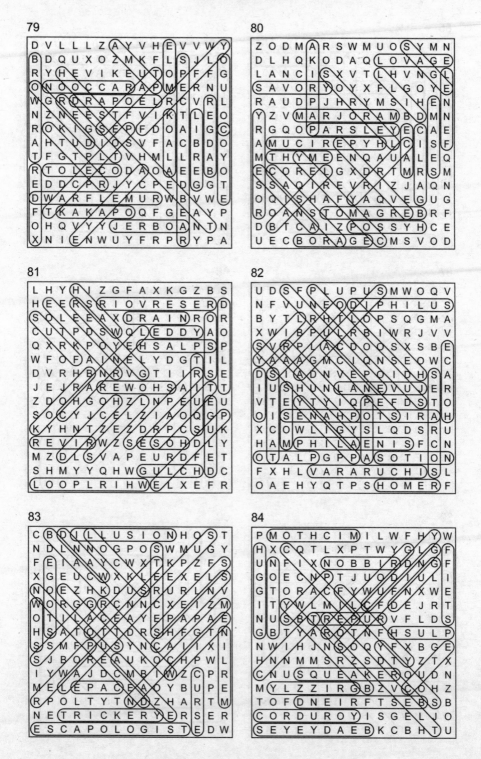

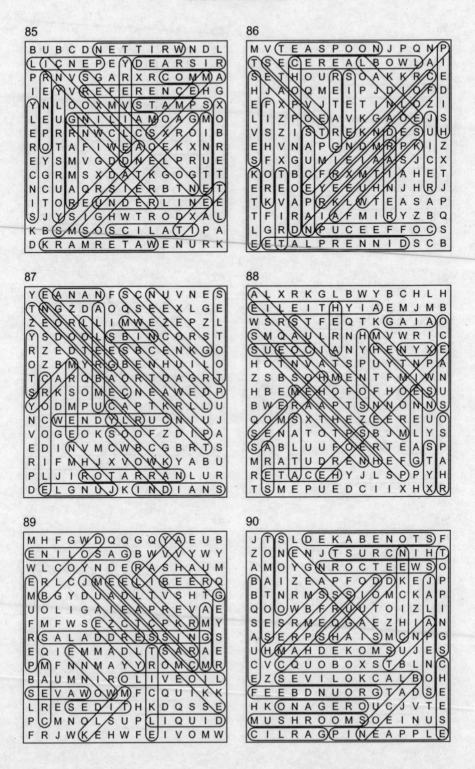

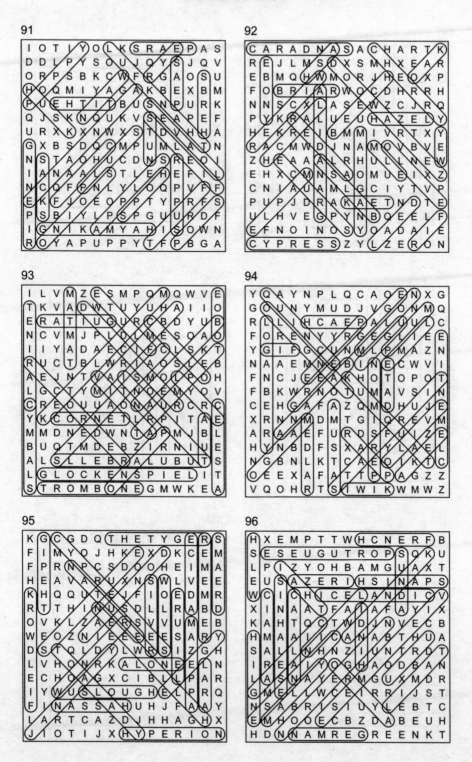

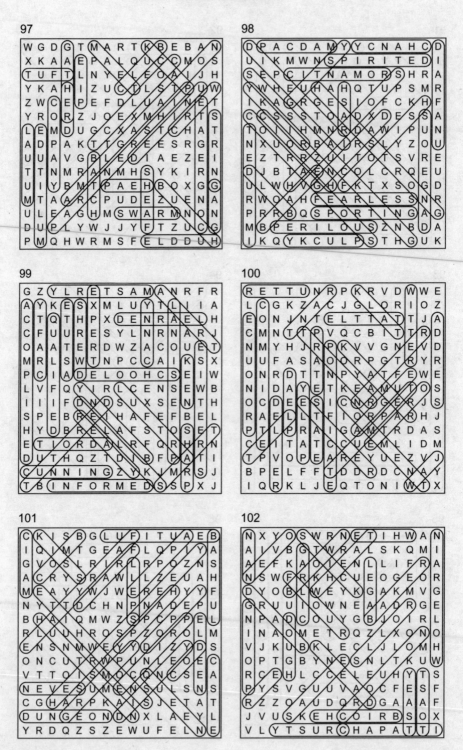

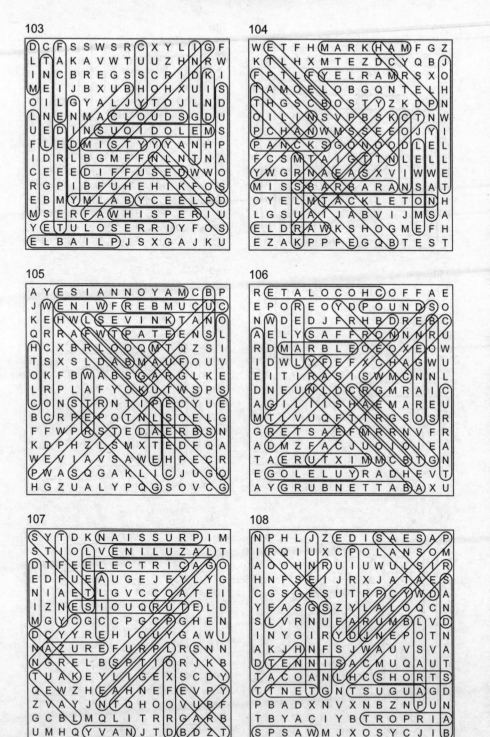

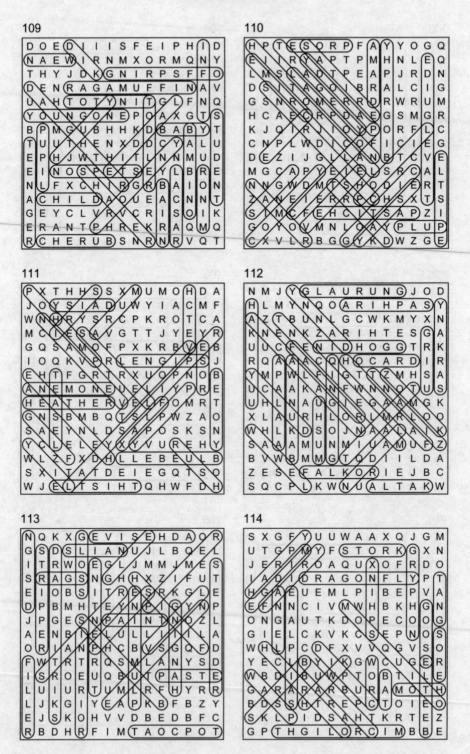

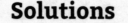

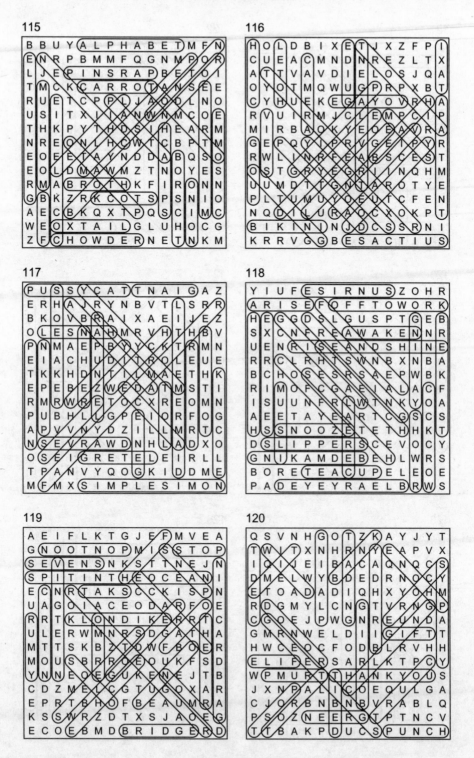

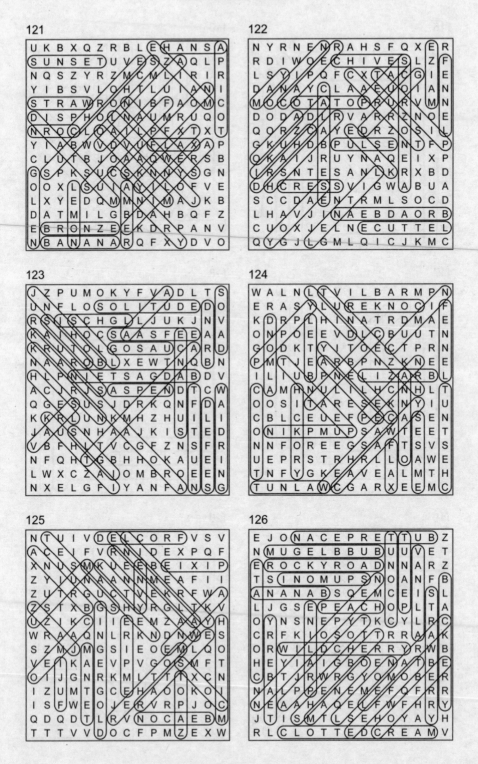

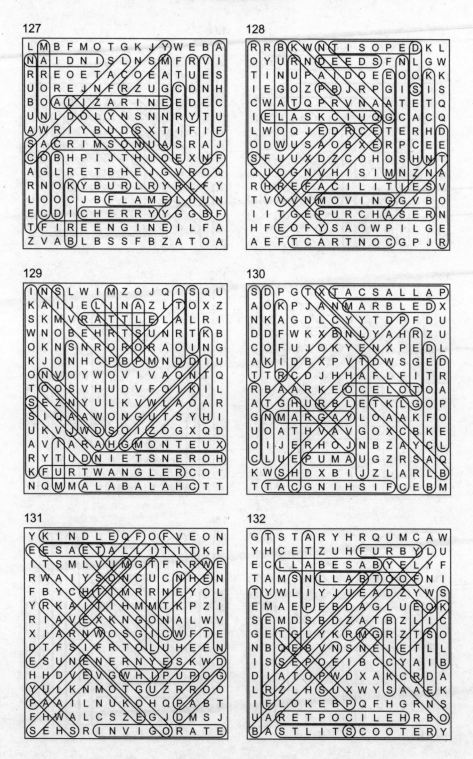

133

```
E S M Z W Y R R E B E U L B H
I I A V Y R R E B E S O O G Q
T N A R R U C K C A L B J I L
U R B I R A S P B E R R Y G Y
P N V D E T A N A R G E M O P
S O W B B Y T Y L O N R F O M
A L J N N U R R I O L M N C X
A E P E A R V R M O F J G G A
P M O C R U K E E R U F P P
R Y M T C E L B I B A A A D P
I I R A A N P W G V L P N N L
C I S R N M J A A O A I P G E
O L M I E G O R R Y R L B K E
T C C N M H O T A G Y A I W M
V N C E Z D C S S C H C A E P
```

134

```
C P L B W K U E S U N O B L S
H L F B O R M B P A D S L L J
A D L O Y R O R Y G W Z A G Q
M S M A S S E N S U O V R E N
P G D W C S P U G E I S R Q S
I S Z N S E B C R R R E S S N
O G H U U R F T E Z B T G O
N A R E E O Y V T Z H I N L I
T E H C W N R R U J M I I B T
X H T K T J O B G E T M O O S
E S G Q Q P M S L S S O P X E
Z T H I P J E I E N M I U D U
R I S R U R B M T Q Y C W N I Q
R O S R S I E S N E P S U S Z
P H C T T R I V I A D E E P S
```

135

```
R Q G K I U F J U H F J A O Y
Y R I J E R H D E V F O O I H
Q E F B U C O G N A C C Z D T
N E T M T A Y L K O K R U R M
O B I O M M R E C B K W O A B
Y L C P M P C E K P G P O C B
K S T E H A R O G S U G V A F
I K V U Z R R L I A I N S B X
Y V C Z C I Z T E N L H C Q N
R O U O I P Y S M T J W H Z
R D R Y D N A H S N O R N P K
E K A D E M C A V W I N E E B
H A C E R P J U L E P Z A A R
S Z A Q M Q I R K J Z M K D U
O R O M V Y B J W I O O M R E
```

136

```
D A Y Z L U X O D S I O R P O
N Y A D I L O H Y C B P S T Q
O O C M Z S N I G H T M X E A
C S V C B S T O P R X E F L M
E Q F D S H D I U I N T U C Y
S P S T A T G B N S T P T Y F
I A A N F W K K H T B Y U C L
L Y D X R M N Z I M S B R M P
L H R P D M V C B A A Q E E Q
I V E A S Z K V L S N T N E L
M S S N U D I M R U N D E B X
R B P F L R A U L D U H H F T
E C A P A N B R N L A C W O H E
T K L T A O W E U S L Q I G E
C N E C Z E F M F M G N D I N
```

137

```
T N U A K W J T Q O V I N K B
C R W G K A T D P P A M W A A
F Q Z V X O N A I E P A S Z W
L V N H C R L G C M L I N F W
P A T S E U L N A L N N O H M
L T K R B A A U O R C I I R B
A Z M E O T R F L Z O T T E E
I U N A S O C T E B E O A R D
N S N I E H S K E S U R T E I
S E D X I L H T H D P Q C V I
U A S N L C O A T D L R E I I
N L A A H H R L I J A B P L D
C A F O O K T K A R G N X E L
L V H K R K S E E N U R E D D
E K N I A T I R B E L C R I C
```

138

```
C Y Y G G C I F I R R E T E T
O E H E N T N A S A E L P L A X
M P T X E I A A T F U B U I X E
M S L C X O K N P F Y A Z H E E
E A E A A E C R P R T A W E
N L E L A I U E A F O I P H T V
D B H L D S E Z A R T U R O I G
A A U E B H R B A Y C S O R O
B Y B N C A U N L F A S F R O
L O U T B L E B G L F U I W U
E J O R O I R E P U S P T V O
C N S U O I C A R G I E A J U
D E S I R A B L E G T R B K S
T A E R G T O L E R A B L E G
Y W I G N I H S A M S B E G N
```

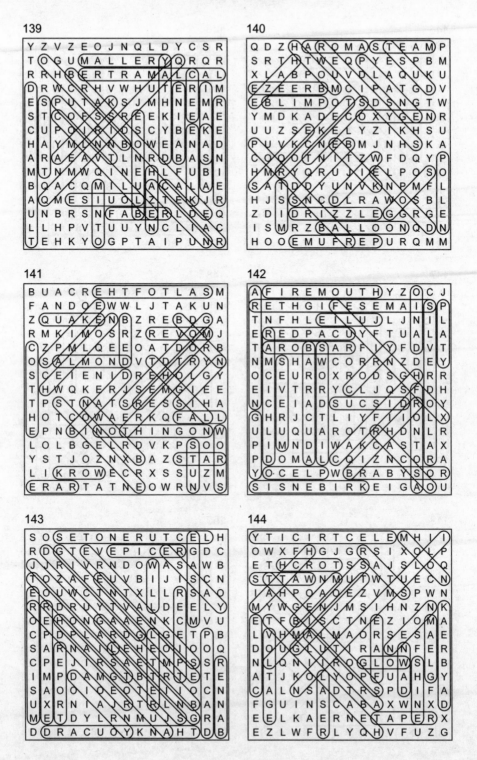

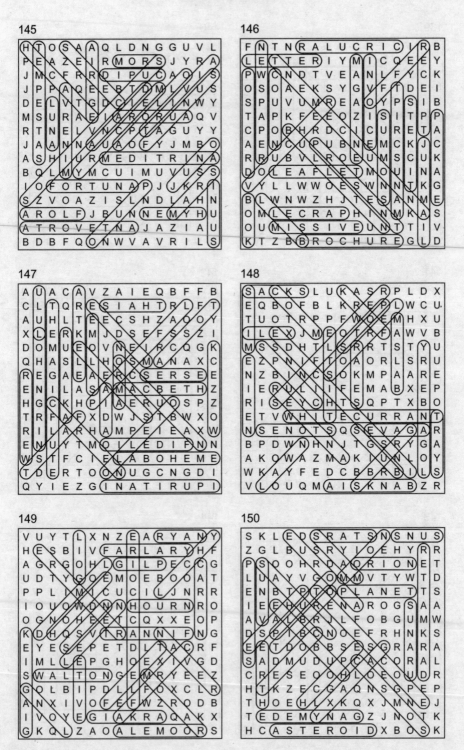

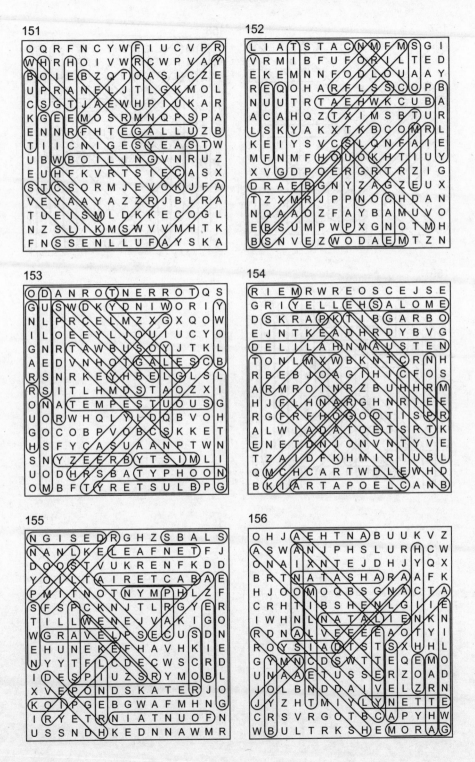

157

158

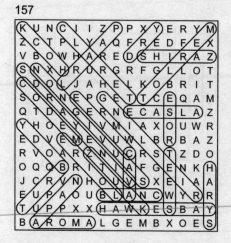

159